La Cuarta Guerra Mundial
Edición bilingüe

The Fourth World War
Bilingual edition

EZLN

Ejercito Zapatista de Liberación Nacional

Zapatista Army for National Liberation

Paliacate Press

Planeta Tierra

CONTENIDO

Contents

Introducción de les Editores

Cuándo fue la Tercera Guerra Mundial, preguntan? Se nos enseña que hubo la Primera Guerra Mundial, luego la Segunda y seguida por la Guerra Fría. Hoy, cuando el calendario cambia de 2023 a 2024, nos dicen que una Tercera Guerra Mundial está a punto de estallar.

Pero así es la Historia vista desde arriba. Si escuchamos lo siguiente, sabemos que la Guerra Fría fue fría sólo para aquellas geografías llamadas OTAN y URSS; La Guerra Fría fue bastante caliente para África, Asia, América Central y del Sur y el Caribe, siempre el Caribe.

EDITORS' INTRODUCTION

When was the Third World War, you ask? We are taught there was the First World War, then the Second, followed by the Cold War. Today, as calendar shifts from 2023 to 2024, we're being told a Third World War is about to explode.

But this is History according to the view from above. If we listen to the below, we know the Cold War was cold only for those geographies called NATO and the USSR; the Cold War was hot for Africa, Asia, Central and South America, and the Caribbean, always the Caribbean.

O sea, ya hemos pasado por los horrores de una Tercera Guerra Mundial. Ya estamos en la Cuarta, y si queremos detener esta guerra, necesitamos saber contra qué estamos luchando, o mejor dicho, qué es lo que nos está matando. Para comprender mejor este momento, recurrimos a la teoría desde abajo de quienes saben de guerra.

Los siete comunicados de este libro son sólo una pequeña parte de los muchos escritos que el Ejército Zapatista de Liberación Nacional (EZLN) nos ofrece sobre la guerra y la lucha, abarcando desde 1997 cuando introdujeron sus teorizaciones sobre la Cuarta Guerra Mundial, hasta 2023 en el contexto de los genocidios que tenemos ante nosotres en Palestina, el Congo, Sudán y las violencias intensificadas en muchas más geografías, Chiapas, Haití, Rojava, Siria, Artsaj, Irán... Una lista tan interminable como insoportable.

La realidad, el juez más severo, atestigua que ya estamos en una guerra, una guerra mundial, una guerra verdaderamente total donde el enemigo es la vida, donde el enemigo son todes que se interponen en el camino del capital, donde el enemigo es nosotres.

En este momento excepcional que ha desenmascarado la falacia del excepcionalismo, de una cosa estamos seguros: la Historia mundial que nos han contado es una mentira, y no permitiremos más mentiras.

In other words, we have already been through the horrors of a Third World War. We are already in the Fourth, and if we are to stop this war, we need to know what we are fighting, or rather, what is fighting us. To better understand this moment, we turn to theory from below from those who know about war.

The seven communiques in this book are only a small number of the many writings the Zapatista Army for National Liberation (EZLN) offers us on war and struggle, spanning from 1997 when they introduced their theorizations on the Fourth World War, to 2023 in the context of the genocides before us in Palestine, Congo, Sudan, and the intensified violences across many more geographies, Chiapas, Haiti, Rojava, Syria, Artsakh, Iran... A list as endless as it is unbearable.

Reality, the harshest of all judges, testifies to the fact that we are already in war, a global war, a truly total war where the enemy is life, where the enemy is all who stand in the way of capital, where the enemy is us.

In this exceptional moment that has unmasked the fallacy of exceptionalism, we are certain of one thing: the world History we have been told is a lie, and we will not allow any more lies.

En los dos primeros comunicados de este libro, *7 piezas sueltas del rompecabezas global (1997)* y *¿Cuáles son las principales características de la Cuarta Guerra Mundial? (1999)*, se nos presenta el calendario de la IV Guerra Mundial que comienza con el fin de la URSS y lo que la Historia asume es el triunfo del capitalismo como forma de organizar la vida sobre otros proyectos sociales. Hoy, los Estados Nacionales no luchan contra el capitalismo ni insisten en un camino diferente; para ellos, el capitalismo ya no es un debate. Los políticos son administradores del capital que, en lugar de servir al pueblo, se sirven a sí mismos gestionando el flujo de capital global: el neoliberalismo, una "nueva religión" en esta Cuarta Guerra Mundial. Por tanto, la geografía de esta guerra no es entre Este contra Oeste o Norte contra Sur; La Cuarta Guerra Mundial es una guerra del capital contra la vida.

Más de dos décadas después, en *La (Otra) Regla del Tercer Excluido (2023)*, los zapatistas señalan que se ha formado una nueva religión desde sus escritos anteriores: la religión de las redes sociales y los "*influencers*", sus "neo profetas". A medida que a la hidra capitalista crece nuevas cabezas y estudiamos y observamos sus cambios de forma, reconocemos que lo que permanece constante es la guerra. Siempre la

In the first two communiques in this book, *7 Loose Pieces of the Global Jigsaw Puzzle (1997)* and *What Are the Main Characteristics of the Fourth World War? (1999)*, we are introduced to the calendar of WWIV which begins with the end of the USSR and what History assumes is capitalism's triumph as a way to organize life over other social projects. Today, the Nation-States are not fighting against capitalism or insisting on a different way; for them, capitalism is no longer a debate. Politicians are capital's administrators who, rather than serving the people, serve themselves by managing the flow of global capital: neoliberalism, a "new religion" in this Fourth World War. Thus, the geography of this war is not between East vs West or North vs South; the Fourth World War is a war between capital vs life.

More than two decades later, in *The (Other) Rule of the Excluded Third (2023)*, the Zapatistas point out a new religion has formed since their earlier writings: the religion of social media and its influencers, its "neo-prophets." As the capitalist hydra grows new heads and we study and observe these shapeshifts, we recognize that what remains constant to it is war. Always war.

guerra. En tal contexto, es difícil ser optimista, sin embargo les zapatistas muestran en este comunicado que prever el fracaso puede ser un método para buscar contradicciones, un método para nosotres, las buscadoras, "Con todo en contra, ellas se aferran a la más remota esperanza."

Y la pregunta, siempre la pregunta mientras luchamos en esta guerra, en nuestra lucha por la vida: ¿Cómo no convertirnos en los monstruos con los que luchamos? ¿Cómo podemos ser soldados que luchan por un mundo que ya no necesita soldados? ¿Cómo eliminamos las condiciones que necesitan la guerra? "¿Es posible traer la Ética a la guerra?" es la pregunta que nos enfrenta en *Apuntes sobre Las Guerras (2011)*. La respuesta es: debemos hacerlo.

En *Siembras y Cosechas (2009-2023)* se nos presentan palabras y conceptos que ya sentimos en los huesos: "Los ríos subterráneos que recorren el mundo pueden cambiar de geografía, pero entonan el mismo canto. Y el que ahora escuchamos es de guerra y de pena. No muy lejos de aquí, en un lugar llamado Gaza, en Palestina, en Medio Oriente, aquí al lado..."

Si Gaza está al lado de Chiapas ¿cuál es la geografía de la Cuarta Guerra Mundial? En *Una*

In such a context, it is difficult to be optimistic, yet the Zapatistas show in this communique that foreseeing failure can be a method for seeking contradictions, a method for us, the seekers, those "With everything against them, they cling to the remotest hope."

And the question, always the question as we fight in this war, in our struggle for life: How do we not become the monsters we fight? How can we be soldiers fighting for a world that doesn't need soldiers anymore? How do we eliminate the conditions that necessitate war? "Is it possible to bring Ethics to war?" is the question that confronts us in *Notes on Wars (2011)*. The answer is: we must.

In *Of Sowings and Reapings (2009-2023)* we are presented with words and concepts we already feel in our bones: "The subterranean rivers that run through the world are able to change their geography, but they sing the same song. And the river we now listen to sings of war and grief. Not far from here, in a place called Gaza, in Palestine, in the Middle East, right next to us..."

If Gaza is next to Chiapas, then what is the geography of the Fourth World War? In *A*

Declaración… por la Vida (2021) aprendemos que lo que une la geografía de abajo son los puentes de la dignidad.

En esta lucha por la vida contra el capital, en el contexto de extinción masiva, en nuestra emergencia planetaria, en esta tarea generacional nuestra, *Lo Común y la No Propiedad (2023)* propone un camino a seguir, una nueva manera de relacionarnos con la tierra y con la vida, "sin recetas o manuales, porque lo que sirve para uno, tal vez no sirve para otro," una propuesta muy zapatista.

En esta guerra, estamos en la oscuridad, pero estamos en la oscuridad juntes. Que nos encontremos en esta oscuridad. Que compartamos historias, conocimientos y luchas en esta oscuridad. Que preguntemos en la oscuridad. Que caminemos en esta oscuridad. Que seamos puentes de dignidad en esta oscuridad. Que contruyemos este común global para que no haya tanta oscuridad.

Hacia un mundo donde quepan muchos mundos,

Paliacate Press
Tierras ocupadas de los pueblos Chumash y Tongva
Planeta Tierra
1 de enero de 2024

Declaration... for Life (2021) we learn that what unites the geography of the below are the bridges of dignity.

In this struggle for life against capital, in the context of mass extinction, in our planetary emergency, in this our generational task, *The Common and Non-Property (2023)* proposes a way forward, a new way of relating with land and with life, a global common against this global war, with "no recipes or manuals, because what works for one may not work for another," a proposal very Zapatista.

In this war, we are in the dark, but we are in the dark together. May we find each other in the dark. May we share stories, knowledges, and struggles in the dark. May we ask questions in the dark. May we walk in the dark. May we be bridges of dignity in the dark. May we build this global common so that it's not so dark.

Toward a world where many worlds fit,

Paliacate Press
Occupied Chumash and Tongva Lands
Planeta Tierra
January 1, 2024

20 DE JUNIO DE 1997

7 PIEZAS SUELTAS DEL

ROMPECABEZAS MUNDIAL

(EL NEOLIBERALISMO

COMO ROMPECABEZAS:

LA INÚTIL UNIDAD MUNDIAL

QUE FRAGMENTA

Y DESTRUYE NACIONES.)

JUNE 20, 1997

7 LOOSE PIECES OF THE

GLOBAL JIGSAW PUZZLE

(NEOLIBERALISM

AS A JIGSAW PUZZLE:

THE USELESS WORLD UNITY

THAT FRAGMENTS

AND DESTROYS NATIONS.)

Pieza 1: La concentración de la riqueza y la distribución de la pobreza

Pieza 2: La globalización de la explotación

Pieza 3: Migración, la pesadilla errante

Pieza 4: Mundialización financiera y globalización de la corrupción y el crimen

Pieza 5: ¿La legítima violencia de un poder ilegítimo?

Pieza 6: La Megapolítica y los enanos

Pieza 7: Las bolsas de resistencia

«La guerra es un asunto de importancia vital para el Estado, es la provincia de la vida y de la muerte, el camino que lleva a la supervivencia o a la aniquilación. Es indispensable estudiarla a fondo».

El Arte de la Guerra. Sun Tzu.

La globalización moderna, el neoliberalismo como sistema mundial, debe entenderse como una nueva guerra de conquista de territorios.

PIECE 1: The concentration of wealth and the distribution of poverty

PIECE 2: The globalization of exploitation

PIECE 3: Migration, the wandering nightmare

PIECE 4: Financial globalization and the globalization of corruption and crime

PIECE 5: The legitimate violence of an illegitimate power?

PIECE 6: Megapolitics and the dwarves

PIECE 7: The pockets of resistance

"WAR IS A MATTER OF VITAL IMPORTANCE FOR THE STATE, IT IS THE PROVINCE OF LIFE AND OF DEATH, THE PATH THAT LEADS TO SURVIVAL OR ANNIHILATION. IT IS ESSENTIAL TO STUDY IT IN DEPTH."

THE ART OF WAR. SUN TZU.

Modern globalization, neoliberalism as a world system, must be understood as a new war of conquest of territories.

El fin de la III Guerra Mundial o «Guerra Fría» no significa que el mundo haya superado la bipolaridad y se encuentre estable bajo la hegemonía del triunfador. Al terminar esta guerra hubo, sin lugar a dudas, un vencido (el campo socialista), pero es difícil decir quién fue el vencedor. ¿Europa Occidental? ¿Estados Unidos? ¿Japón? ¿Todos ellos? El caso es que la derrota del «imperio del mal» (Reagan y Thatcher dixit) significó la apertura de nuevos mercados sin nuevo dueño. Correspondía, por tanto, luchar para tomar posesión de ellos, conquistarlos.

No sólo eso, el fin de la «Guerra Fría» trajo consigo un nuevo marco de relaciones internacionales en el que la lucha nueva por esos nuevos mercados y territorios produjo una nueva guerra mundial, la IV. Esto obligó, como en todas las guerras, a una redefinición de los Estados Nacionales. Y más allá de la redefinición de los Estados Nacionales, el orden mundial volvió a las viejas épocas de las conquistas de América, Africa y Oceanía. Extraña modernidad esta que avanza hacia atrás, el atardecer del siglo XX tiene más semejanzas con sus brutales centurias antecesoras que con el plácido y racional futuro de algunas novelas de ciencia-ficción. En el mundo de la Posguerra Fría vastos territorios, riquezas y, sobre todo, fuerza de trabajo calificada, esperaban un

The end of World War III or the "Cold War" does not mean that the world has overcome bipolarity and is stable under the hegemony of the winner. At the end of this war there was, without a doubt, a loser (the socialist camp), but it is difficult to say who was the winner. Western Europe? USA? Japan? All of them? The fact is that the defeat of the "evil empire" (Reagan and Thatcher said) meant the opening of new markets without a new owner. It was necessary, therefore, to fight to take possession of them, to conquer them.

Not only that, the end of the "Cold War" brought with it a new framework of international relations in which the new fight for these new markets and territories produced a new world war, World War IV. This forced, as in all wars, a redefinition of Nation-States. And beyond the redefinition of Nation-States, the world order returned to the old times of the conquests of America, Africa and Oceania. This strange modernity that advances backwards, the twilight of the 20th century has more similarities with its brutal predecessor centuries than with the placid and rational future of some science fiction novels. In the Post-Cold War world, vast territories, wealth and,

nuevo amo…

Pero uno es el puesto de dueño del mundo, y varios son los aspirantes a serlo. Y para lograrlo se desata otra guerra, pero ahora entre aquellos que se autodenominaron el «imperio del bien».

Si la III Guerra Mundial fue entre el capitalismo y el socialismo (liderados por los Estados Unidos y la URSS respectivamente), con escenarios alternos y diferentes grados de intensidad; la IV Guerra Mundial se realiza ahora entre los grandes centros financieros, con escenarios totales y con una intensidad aguda y constante.

Desde el fin de la II Guerra Mundial hasta 1992, se han librado 149 guerras en todo el mundo. El resultado, 23 millones de muertos, no deja dudas de la intensidad de esta III Guerra Mundial. (datos de UNICEF).

Desde las catacumbas del espionaje internacional hasta el espacio sideral de la llamada Iniciativa de Defensa Estratégica (la «Guerra de las Galaxias» del cowboy Ronald Reagan); desde las arenas de Playa Girón, en Cuba, hasta el Delta del Mekong, en Vietnam; desde la desenfrenada carrera armamentista nuclear hasta los salvajes golpes de Estado en la dolorosa América Latina; desde las ominosas maniobras de los ejércitos de la Organización del Tratado del Atlántico Norte hasta los agentes de la CIA en la Bolivia del asesinato

above all, qualified labor force, awaited a new master...

But one is the owner of the world, and there are several aspiring to be so. And to achieve this, another war breaks out, but now between those who called themselves the "empire of good."

If World War III was between capitalism and socialism (led by the United States and the USSR respectively), with alternate scenarios and different degrees of intensity; World War IV is now taking place between the great financial centers, with total scenarios and with an acute and constant intensity.

From the end of World War II until 1992, 149 wars have been fought around the world. The result, 23 million dead, leaves no doubt about the intensity of this World War III. (UNICEF data).

From the catacombs of international espionage to the outer space of the so-called Strategic Defense Initiative (the "Star Wars" of the cowboy Ronald Reagan); from the beaches of Playa Girón, in Cuba, to the Mekong Delta, in Vietnam; from the unbridled nuclear arms race to the savage coups d'état in the painful Latin America; from the ominous maneuvers of the armies of the North Atlantic Treaty Organization to the CIA agents in the Bolivia of Che Guevara's assassination; the

del Che Guevara; la mal llamada «Guerra Fría» alcanzó altas temperaturas que, a pesar del continuo cambio de escenario y el incesante sube-y-baja de la crisis nuclear (o precisamente por esto), acabaron por fundir al campo socialista como sistema mundial, y lo diluyeron como alternativa social.

La III Guerra Mundial mostró las bondades de la «guerra total» (en todas partes y en todas las formas) para el triunfador: el capitalismo. Pero el escenario de posguerra quedó perfilado, de hecho, como un nuevo teatro de operaciones mundial: grandes extensiones de «tierra de nadie» (por el desfonde político, económico y social de Europa del Este y de la URSS), potencias en expansión (Estados Unidos, Europa Occidental y el Japón), crisis económica mundial, y una nueva revolución tecnológica: la informática. «*De la misma forma que la revolución industrial había permitido el remplazo del músculo por la máquina, la actual revolución informática apunta al remplazo del cerebro (al menos de un número cada vez más importante de sus funciones) por la computadora. Esta «cerebralización general» de los medios de producción (lo mismo en la industria que en los servicios) es acelerada por la explosión de nuevas investigaciones en las telecomunicaciones y por la proliferación de los cybermundos.*» (**Ignacio Ramonet. «La planété des**

badly-named "Cold War" reached high temperatures
that, despite the continuous change of scenario and
the incessant up-and-down of the nuclear crisis
(or precisely because of this), ended up melting the
socialist camp as a world system, and diluted as a
social alternative.

World War III showed the benefits of
"total war" (everywhere and in all forms) for the
victor: capitalism. But the post-war scenario
was, in fact, outlined as a new world theater of
operations: large extensions of "no man's land" (due
to the political, economic and social deprivation of
Eastern Europe and the USSR), expanding powers
(United States, Western Europe and Japan), global
economic crisis, and a new technological revolution:
computing. *"In the same way that the industrial
revolution had allowed the replacement of the
muscle by the machine, the current information
revolution aims to replace the brain (at least an
increasingly important number of its functions)
by the computer. This 'general cerebralization'
of the means of production (in industry as well
as in services) is accelerated by the explosion of
new research in telecommunications and by the
proliferation of cyberworlds."* **(Ignacio Ramonet.**

désordres» en «Géopolitique du Chaos.» Maniére de Voir 3. Le Monde Diplomatique (LMD). Abril de 1997.)

El rey supremo del capital, el financiero, empezó entonces a desarrollar su estrategia guerrera sobre el nuevo mundo y sobre lo que quedaba en pie del viejo. De la mano de la revolución tecnológica que ponía al mundo entero, por medio de una computadora, en sus escritorios y a su arbitrio, los mercados financieros impusieron sus leyes y preceptos a todo el planeta. La «mundialización» de la nueva guerra no es más que la mundialización de las lógicas de los mercados financieros. De rectores de la economía, los Estados Nacionales (y sus gobernantes) pasaron a ser regidos, más bien teledirigidos, por el fundamento del poder financiero: el libre cambio comercial. Y no sólo eso, la lógica del mercado aprovechó la «porosidad» que, en todo el espectro social del mundo, provocó el desarrollo de las telecomunicaciones, y penetró y se apropió todos los aspectos de la actividad social. ¡Por fin una guerra mundial totalmente total!

Una de las primeras bajas de esta nueva guerra es el mercado nacional. Como una bala disparada dentro de un cuarto blindado, la guerra iniciada por

"La planété des désordres" in "Géopolitique du Chaos." Maniére de Voir 3. Le Monde Diplomatique (LMD). April 1997.)

The supreme king of capital, the financier, then began to develop his war strategy on the new world and on what was left standing of the old. Hand in hand with the technological revolution that put the entire world, through a computer, on their desks and at their discretion, the financial markets imposed their laws and precepts on the entire planet. The "globalization" of the new war is nothing more than the globalization of the logic of the financial markets. From guiding the economy, the Nation-States (and their rulers) became governed, rather remotely controlled, by the foundation of financial power: free commercial exchange. And not only that, the logic of the market took advantage of the "porosity" that, throughout the social spectrum of the world, caused the development of telecommunications, and penetrated and appropriated all aspects of social activity. Finally a totally total world war!

One of the first casualties of this new war is the national market. Like a bullet fired into an armored room, the war started by neoliberalism

el neoliberalismo rebota de uno a otro lado y hiere a quien la disparó. Una de las bases fundamentales del poder del Estado capitalista moderno, el mercado nacional, es liquidado por el cañonazo de la nueva era de la economía financiera global. El capitalismo internacional cobra algunas de sus víctimas caducando los capitalismos nacionales y adelgazando, hasta la inanición, los poderes públicos. El golpe ha sido tan brutal y definitivo que los Estados nacionales no disponen de la fuerza necesaria para oponerse a la acción de los mercados internacionales que transgrede los intereses de ciudadanos y gobiernos.

El cuidado y ordenado escaparate que se suponía heredaba el fin de la «Guerra Fría», el «nuevo orden mundial», pronto se ve hecho añicos por la explosión neoliberal. El capitalismo mundial sacrifica sin misericordia alguna a quien le dio futuro y proyecto histórico: el capitalismo nacional. Empresas y Estados se derrumban en minutos, pero no por las tormentas de las revoluciones proletarias, sino por los embates de los huracanes financieros. El hijo (el neoliberalismo) devora al padre (el capitalismo nacional), y de paso destruye todas las falacias discursivas de la ideología capitalista: en el nuevo orden mundial no hay ni democracia, ni libertad, ni igualdad, ni fraternidad.

bounces from one side to the other and wounds whoever fired it. One of the fundamental bases of the power of the modern capitalist State, the national market, is liquidated by the cannon shot of the new era of the global financial economy. International capitalism claims some of its victims by expiring national capitalism and thinning public powers to the point of starvation. The blow has been so brutal and definitive that Nation-States do not have the necessary strength to oppose the action of international markets that transgresses the interests of citizens and governments.

The careful and orderly showcase that was supposed to inherit the end of the "Cold War", the "new world order", is soon shattered by the neoliberal explosion. World capitalism mercilessly sacrifices that which gave it a future and a historical project: national capitalism. Companies and States collapse in minutes, but not because of the storms of proletarian revolutions, but because of the onslaught of financial hurricanes. The son (neoliberalism) devours the father (national capitalism), and in the process destroys all the discursive fallacies of capitalist ideology: in the new world order there is no democracy, no freedom, no equality, no fraternity.

En el escenario mundial producto del fin de la «Guerra Fría» sólo se percibe un nuevo campo de batalla y en éste, como en todo campo de batalla, reina el caos.

A finales de la «Guerra Fría», el capitalismo crea un nuevo horror bélico: la bomba de neutrones. La «virtud» de esta arma es que sólo destruye la vida y respeta las construcciones. Ya se podían destruir ciudades enteras (es decir, sus habitantes) sin que fuera necesario reconstruirlas (y pagar por ello). La industria armamentista se felicitó a sí misma, la «irracionalidad» de las bombas nucleares era suplantada por la nueva «racionalidad» de la bomba de neutrones. Pero una nueva «maravilla» bélica será descubierta a la par del nacimiento de la IV Guerra Mundial: la bomba financiera.

Porque la nueva bomba neoliberal, a diferencia de su antecesora atómica en Hiroshima y Nagasaki, no sólo destruye la polis (la Nación en este caso) e impone la muerte, el terror y la miseria a quienes la habitan; o, a diferencia de la bomba de neutrones, no sólo destruye «selectivamente». La neoliberal, además, reorganiza y reordena lo que ataca y lo rehace como una pieza dentro del rompecabezas de la globalización económica. Después de su efecto destructor, el resultado no es un montón de ruinas humeantes, o decenas de miles de vidas inertes, sino una barriada que se suma a alguna

On the world stage, as a result of the end of the "Cold War", only a new battlefield is perceived and on this, as on any battlefield, chaos reigns.

At the end of the "Cold War", capitalism creates a new war horror: the neutron bomb. The "virtue" of this weapon is that it only destroys life and respects buildings. Entire cities (that is, their inhabitants) could now be destroyed without it being necessary to rebuild them (and pay for it). The arms industry congratulated itself, the "irrationality" of nuclear bombs was supplanted by the new "rationality" of the neutron bomb. But a new war "wonder" will be discovered at the same time as the birth of World War IV: the financial bomb.

For the new neoliberal bomb, unlike its atomic predecessor in Hiroshima and Nagasaki, not only destroys the polis (the Nation in this case) and imposes death, terror and misery on those who inhabit it; or, unlike the neutron bomb, it does not only destroy "selectively." Neoliberalism, in addition, reorganizes and reorders what it attacks and remakes it as a piece within the jigsaw puzzle of economic globalization. After its destructive effect, the result is not a pile of smoking ruins, or tens of thousands of inert lives, but a neighborhood that is

de las megápolis comerciales del nuevo hipermercado mundial y una fuerza de trabajo reacomodada en el nuevo mercado de trabajo mundial.

La Unión Europea, una de las megápolis producto del neoliberalismo, es un resultado de la presente IV Guerra Mundial. Aquí, la globalización económica logró borrar las fronteras entre Estados rivales, enemigos entre sí desde hace mucho tiempo, y los obligó a converger y plantearse la unión política. De los Estados Nacionales a la federación europea, el camino economicista de la guerra neoliberal en el llamado «viejo continente» estará lleno de destrucción y de ruinas, una de ellas será la civilización europea.

Las megápolis se reproducen en todo el planeta. Las zonas comerciales integradas son el terreno donde se erigen. Así ocurre en América del Norte, donde el Tratado de Libre Comercio para América del Norte («NAFTA» por sus siglas en inglés) entre Canadá, los Estados Unidos y México no es más que el preludio del cumplimiento de una vieja aspiración de conquista estadounidense: «América para los americanos». En América del Sur se camina en igual sentido con el Mercosur entre Argentina, Brasil, Paraguay y Uruguay. En Africa del Norte, con la Unión del Maghreb árabe (UMA) entre Marruecos, Algeria, Tunez, Libia y

added to one of the commercial megapolises of the
new world hypermarket and a workforce rearranged
in the new market of global work.

The European Union, one of the megapolises
product of neoliberalism, is a result of the present IV
World War. Here, economic globalization managed to
erase the borders between rival states, enemies of each
other for a long time, and forced them to converge and
consider political union. From the Nation-States to
the European federation, the economistic path of the
neoliberal war in the so-called "old continent" will be full
of destruction and ruins, one of them will be European
civilization.

Megapolises are reproduced all over the planet.
Integrated commercial zones are the land where
they are built. This is the case in North America,
where the North American Free Trade Agreement
("NAFTA"; "TLCAN" in Spanish) between Canada,
the United States and Mexico is nothing more than
the prelude to the fulfillment of an old aspiration
of American conquest: "America for Americans." In
South America, Mercosur is moving in the same
direction between Argentina, Brazil, Paraguay and
Uruguay. In North Africa, with the Arab Maghreb
Union (UMA) between Morocco, Algeria, Tunisia,

Mauritania; en Africa del Sur, en el Cercano Oriente, en el Mar Negro, en Asia Pacífico, etc., en todo el planeta explotan las bombas financieras y se reconquistan territorios.

¿Las megápolis sustituyen a las naciones? No, o no sólo. También las incluyen y les reasignan funciones, límites y posibilidades. Países enteros se convierten en departamentos de la megaempresa neoliberal. El neoliberalismo opera así la DESTRUCCIÓN / DESPOBLAMIENTO por un lado, y la RECONSTRUCCIÓN / REORDENAMIENTO por el otro, de regiones y de naciones para abrir nuevos mercados y modernizar los existentes.

Si las bombas nucleares tenían un carácter disuasivo, intimidatorio y coercitivo en la III Guerra Mundial, en la IV conflagración mundial no ocurre lo mismo con las hiperbombas financieras. Estas armas sirven para atacar territorios (Estados Nacionales) *destruyendo* las bases materiales de su soberanía nacional (obstáculo ético, jurídico, político, cultural e histórico contra la globalización económica) y produciendo un *despoblamiento* cualitativo en sus territorios. Este despoblamiento consiste en prescindir de todos aquellos que son inútiles para la nueva economía de mercado (por ejemplo los indígenas).

Libya and Mauritania; In South Africa, in the Near East, in the Black Sea, in Asia Pacific, etc., financial bombs explode all over the planet and territories are reconquered.

Do megapolises replace nations? No, or not only. They also include them and reassign them functions, limits and possibilities. Entire countries become departments of the neoliberal mega-company. Neoliberalism thus operates the DESTRUCTION / DEPOPULATION on the one hand, and the RECONSTRUCTION / REORDERING on the other, of regions and nations to open new markets and modernize existing ones.

If nuclear bombs had a deterrent, intimidating and coercive nature in World War III, in World War IV the same is not true of financial hyperbombs. These weapons serve to attack territories (Nation-States), *destroying* the material bases of their national sovereignty (ethical, legal, political, cultural and historical obstacle against economic globalization) and producing qualitative *depopulation* in their territories. This depopulation consists of getting rid of all those who are useless for the new market economy (for example, the Indigenous people).

Pero, además, los centros financieros operan, simultáneamente, una reconstrucción de los Estados Nacionales y los *reordenan* según la nueva lógica del mercado mundial (los modelos económicos desarrollados se imponen sobre relaciones sociales débiles o inexistentes).

La IV Guerra Mundial en el terreno rural, por ejemplo, presenta este efecto. La modernización rural, que exigen los mercados financieros, trata de incrementar la productividad agrícola, pero lo que consigue es destruir las relaciones sociales y económicas tradicionales. Resultado: éxodo masivo del campo a las ciudades. Sí, como en una guerra. Mientras tanto, en las zonas urbanas se satura el mercado de trabajo y la distribución desigual del ingreso es la «justicia» que espera a quienes buscan mejores condiciones de vida.

De ejemplos que ilustran esta estrategia está lleno el mundo indígena: Ian Chambers, director de la Oficina para Centroamérica de la OIT (de las Naciones Unidas), declaró que la población indígena mundial, calculada en 300 millones, vive en zonas que tienen el 60% de los recursos naturales del planeta. Así que *«no sorprenden los múltiples conflictos por el uso y destino de sus tierras alrededor de los intereses de gobiernos y empresas. (...) La explotación de*

But, in addition, financial centers simultaneously operate a reconstruction of Nation-States and *reorder* them according to the new logic of the world market (developed economic models are imposed on weak or non-existent social relations).

World War IV in the rural terrain, for example, has this effect. Rural modernization, demanded by financial markets, tries to increase agricultural productivity, but what it achieves is destroying traditional social and economic relations. Result: mass exodus from the countryside to the cities. Yes, like in a war. Meanwhile, in urban areas the labor market is saturated and the unequal distribution of income is the "justice" that awaits those seeking better living conditions.

The Indigenous world is full of examples that illustrate this strategy: Ian Chambers, director of the Office for Central America of the ILO (of the United Nations), declared that the world's Indigenous population, estimated at 300 million, lives in areas that have 60 % of the planet's natural resources. So *"the multiple conflicts over the use and destiny of their lands around the interests of governments and companies are not surprising. (...) The*

recursos naturales (petróleo y minería) y el turismo son las principales industrias que amenazan los territorios indígenas en América» (**entrevista de Martha García en «La Jornada». 28 de mayo de 1997**)**.** Detrás de los proyectos de inversión vienen la polución, la prostitución y las drogas. Es decir, se complementan destrucción / despoblamiento y reconstrucción / reordenamiento de la zona.

En esta nueva guerra mundial, la política moderna como organizadora del Estado Nacional no existe más. Ahora la política es sólo un organizador económico y los políticos son modernos administradores de empresas. Los nuevos dueños del mundo no son gobierno, no necesitan serlo. Los gobiernos «nacionales» se encargan de administrar los negocios en las diferentes regiones del mundo.

Este es el «nuevo orden mundial», la unificación del mundo entero en un solo mercado. Las naciones son tiendas de departamentos con gerentes a manera de gobiernos, y las nuevas alianzas regionales, económicas y políticas, se acercan más al modelo de un moderno «mall» comercial que a una federación política. La «unificación» que produce el neoliberalismo es económica, es la unificación de mercados para facilitar la circulación de dinero y mercancías. En el gigantesco hipermercado mundial circulan libremente las mercancías, no las personas.

exploitation of natural resources (oil and mining) and tourism are the main industries that threaten Indigenous territories in America" (**interview by Martha García in "La Jornada". May 28, 1997**). Behind the investment projects come pollution, prostitution and drugs. That is, destruction/ depopulation and reconstruction/reorganization of the area complement each other.

In this new world war, modern politics as organizer of the Nation-State no longer exists. Now politics is just an economic organizer and politicians are modern business managers. The new owners of the world are not a government, they do not need to be. "National" governments are in charge of managing businesses in different regions of the world.

This is the "new world order", the unification of the entire world into a single market. Nations are department stores with managers like governments, and the new regional, economic and political alliances are closer to the model of a modern commercial "mall" than to a political federation. The "unification" that neoliberalism produces is economic, it is the unification of markets to facilitate the circulation of money and goods. In the gigantic global hypermarket, goods circulate freely, not people.

Como toda iniciativa empresarial (y de guerra), esta globalización económica va acompañada de un modelo general de pensamiento. Sin embargo, entre tantas cosas nuevas, el modelo ideológico que acompaña al neoliberalismo en su conquista del planeta tiene mucho de viejo y mohoso. El «american way of life» que acompañó a las tropas norteamericanas en la Europa de la II Guerra Mundial, en el Vietnam de los 60´s, y, más recientemente, en la Guerra del Golfo Pérsico, ahora va de la mano (o más bien de las computadoras) de los mercados financieros.

No se trata sólo de una destrucción material de las bases materiales de los Estados Nacionales, también (y de manera tan importante como poco estudiada) se trata de una destrucción histórica y cultural. El digno pasado indígena de los países del continente americano, la brillante civilización europea, la sabia historia de las naciones asiáticas, y la poderosa y rica antigüedad del África y Oceanía, todas las culturas y las historias que forjaron naciones son atacadas por el modo de vida norteamericano. El neoliberalismo impone así una guerra total: la destrucción de naciones y grupos de naciones para homologarlas con el modelo capitalista norteamericano.

Una guerra pues, una guerra mundial, la IV. La peor

Like any business initiative (and war), this
economic globalization is accompanied by a general
model of thought. However, among so many new
things, the ideological model that accompanies
neoliberalism in its conquest of the planet is very
old and moldy. The "American way of life" that
accompanied North American troops in Europe
during World War II, in Vietnam in the 60's, and,
more recently, in the Persian Gulf War, now goes
hand in hand (or rather in the computers) of financial
markets.

It is not only about a material destruction
of the material bases of the Nation-States, it is
also (and in a way that is as important as it is little
studied) about a historical and cultural destruction.
The dignified Indigenous past of the countries of
the American continent, the brilliant European
civilization, the wise history of the Asian nations, and
the powerful and rich antiquity of Africa and Oceania,
all the cultures and histories that forged nations are
attacked by the American way of life. Neoliberalism
thus imposes a total war: the destruction of nations
and groups of nations to harmonize them with the
North American capitalist model.

A war then, a world war, IV. The worst and

y más cruel. La que el neoliberalismo libra en todas partes y por todos los medios en contra de la humanidad.

Pero, como en toda guerra, hay combates, hay vencedores y vencidos, y hay pedazos rotos de esa realidad destruida. Para intentar armar el absurdo rompecabezas del mundo neoliberal hacen falta muchas piezas. Algunas se pueden encontrar entre las ruinas que esta guerra mundial ha dejado ya sobre la superficie planetaria. Cuando menos 7 de esas piezas pueden reconstruirse y alentar la esperanza de que este conflicto mundial no termine con el rival más débil: la humanidad.

7 piezas para dibujar, colorear, recortar, y para tratar de armar, junto a otras, el rompecabezas mundial.

La una es la doble acumulación, de riqueza y de pobreza, en los dos polos de la sociedad mundial. La otra es la explotación total de la totalidad del mundo. La tercera es la pesadilla de una parte errante de la humanidad. La cuarta es la nauseabunda relación entre crimen y Poder. La quinta es la violencia del Estado. La sexta es el misterio de la megapolítica. La séptima es la multiforme bolsa de resistencia de la humanidad contra el neoliberalismo.

most cruel. The one that neoliberalism unleashes everywhere and by all means against humanity.

But, as in any war, there are combats, there are winners and losers, and there are broken pieces of that destroyed reality. To try to put together the absurd jigsaw puzzle of the neoliberal world, many pieces are needed. Some can be found among the ruins that this world war has already left on the planetary surface. At least 7 of those pieces can be reconstructed and encourage hope that this global conflict does not end with the weakest rival: humanity.

**7 pieces to draw, color, cut out,
and try to put together, along with others,
the world jigsaw puzzle.**

One is the double accumulation, of wealth and poverty, at the two poles of world society. The other is the total exploitation of the entire world. The third is the nightmare of a wandering part of humanity. The fourth is the nauseating relationship between crime and Power. The fifth is state violence. The sixth is the mystery of megapolitics. The seventh is humanity's multiform pocket of resistance against neoliberalism.

PIEZA 1:
La concentración de la riqueza
y la distribución de la pobreza.

La figura 1 se construye dibujando
un signo monetario.

En la historia de la humanidad, distintos modelos sociales se han disputado el enarbolar el absurdo como distintivo de orden mundial. Seguramente el neoliberalismo tendrá un lugar privilegiado a la hora de los premios, porque su «reparto» de la riqueza social no hace más que distribuir un doble absurdo de acumulación: la acumulación de riquezas en manos de unos cuantos, y la acumulación de pobreza en millones de seres humanos.

En el mundo actual, la injusticia y la desigualdad son los signos distintivos. El planeta Tierra, tercero del sistema planetario solar, tiene 5 mil millones de seres humanos. En él, sólo 500 millones de personas viven con comodidades mientras 4 mil 500 millones padecen pobreza y tratan de sobrevivir.

Un doble absurdo es el balance entre ricos y

PIECE 1:
The concentration of wealth
and the distribution of poverty.

*Figure 1 is constructed by drawing
a monetary sign.*

In the history of humanity, different social models
have competed to uphold the absurd as a symbol
of world order. Surely neoliberalism will have a
privileged place at the time of awards, because its
"distribution" of social wealth does nothing more
than distribute a double absurdity of accumulation:
the accumulation of wealth in the hands of a few,
and the accumulation of poverty in millions of
human beings.

In today's world, injustice and inequality
are the distinctive signs. Planet Earth, the third
in the solar planetary system, has 5 billion human
beings. In it, only 500 million people live with
comforts while 4.5 billion suffer poverty and try
to survive.

A double absurdity is the balance between

pobres: los ricos son pocos y los pobres son muchos. La diferencia cuantitativa es criminal, pero el balance entre los extremos se consigue con la riqueza: los ricos suplen su minoría numérica con miles de millones de dólares.

La fortuna de las 358 personas más ricas del mundo (miles de millones de dólares) es superior al ingreso anual del 45% de los habitantes más pobres, algo así como 2 mil 600 millones de personas.

Las leontinas de oro de los relojes financieros se convierten en una pesada cadena para millones de seres. Mientras que la «... *cifra de negocios de la General Motors es más elevada que el Producto Nacional Bruto (PNB) de Dinamarca, la de la Ford es más importante que el PNB de Africa del Sur, y la de la Toyota sobrepasa al PNB de Noruega.*» (**Ignacio Ramonet, en LMD I/1997 #15**), para todos los trabajadores los salarios reales han caído, además de que deben sortear los cortes de personal en las empresas, el cierre de fábricas y la reubicación de sus centros laborales. En las llamadas «economías capitalistas avanzadas» el número de desempleados llega ya a los 41 millones de trabajadores.

En forma paulatina, la concentración de la riqueza en pocas manos y la distribución de la pobreza en muchas, va delineando el signo de la sociedad mundial

rich and poor: the rich are few and the poor are
many. The quantitative difference is criminal, but
the balance between the extremes is achieved
with wealth: the rich supplement their numerical
minority with billions of dollars.

The fortune of the 358 richest people in the
world (billions of dollars) is greater than the annual
income of the 45% of the poorest inhabitants,
something like 2.6 billion people.

The gold fobs on financial watches become
a heavy chain for millions of beings. While the "…
*turnover of General Motors is higher than the
Gross National Product (GNP) of Denmark,
that of Ford is more important than the GNP
of South Africa, and that of Toyota exceeds the
GNP of Norway."* (**Ignacio Ramonet, in LMD
I/1997 #15**), for all workers, real wages have
fallen, in addition to having to overcome personnel
cuts in companies, the closure of factories and the
relocation of their workplaces. In the so-called
"advanced capitalist economies" the number of
unemployed already reaches 41 million workers.

Gradually, the concentration of wealth in a
few hands and the distribution of poverty in many,
is delineating the sign of modern world society: the

moderna: el frágil equilibrio de absurdas desigualdades.

La decadencia del sistema económico neoliberal es un escándalo: «*La deuda mundial (comprendiendo las de las empresas, los gobiernos y las administraciones) ha sobrepasado los 33,100 miles de millones de dólares, es decir, 130% del Producto Interno Bruto (PIB) mundial, y crece a una tasa del 6% al 8% por año, más de 4 veces el crecimiento del PIB mundial*» (**Frédéric F. Clairmont. «Ces deux cents sociétés qui controlent le monde», en LMD. IV/1997**).

El progreso de las grandes transnacionales no implica el avance de las Naciones desarrolladas. Al contrario, mientras más ganan los gigantes financieros, más se agudiza la pobreza en los llamados «países ricos».

La diferencia a eliminar entre ricos y pobres es brutal y no parece haber ninguna tendencia por ese rumbo, antes al contrario. Lejos de atenuarse, ya no digamos de eliminarse, la desigualdad social se acentúa, sobre todo en las naciones capitalistas desarrolladas: En los Estados Unidos, el 1% de los norteamericanos más ricos ha obtenido el 61,6% del conjunto de la riqueza nacional del país entre 1983 y 1989. El 80% de los norteamericanos más pobres no se han repartido más que el 1,2%. En la Gran Bretaña el número de los sin techo se ha duplicado; el número de niños que viven

fragile balance of absurd inequalities.

The decline of the neoliberal economic system is a scandal: *"The global debt (including those of companies, governments and administrations) has exceeded 33,100 billion dollars, that is, 130% of the world's Gross Domestic Product (GDP). , and grows at a rate of 6% to 8% per year, more than 4 times the growth of world GDP"* (**Frédéric F. Clairmont. "Ces deux cents sociétés qui controlent le monde", in LMD. IV/1997**).

The progress of large transnational companies does not imply the progress of developed nations. On the contrary, the more the financial giants earn, the more poverty worsens in the so-called "rich countries."

The difference to be eliminated between rich and poor is brutal and there does not seem to be any tendency in that direction, quite the opposite. Far from being attenuated, let alone eliminated, social inequality is accentuated, especially in developed capitalist nations: In the United States, the richest 1% of Americans have obtained 61.6% of all national wealth of the country between 1983 and 1989. The 80% of the poorest Americans have not shared more than 1.2%. In Great Britain the number of homeless

sólo de la ayuda social ha pasado del 7% en 1979 al
26% en 1994; el número de británicos que vive en la
pobreza (definida como menos de la mitad del salario
mínimo) ha pasado de 5 millones a 13,700,000; el
10% de los más pobres han perdido el 13 % de su
poder adquisitivo, mientras que l0% de los más ricos
han ganado el 65% y desde hace cinco años se ha
doblado el número de millonarios (datos de LMD.
IV/97).

A inicios de la década de los 90´s *«... unas
37,000 firmas transnacionales encerraban, con
sus 170,000 filiales, la economía internacional en
sus tentáculos. Sin embargo, el centro del poder
se sitúa en el círculo más restringido de las 200
primeras: desde los inicios de los años 80, ellas han
tenido una expansión ininterrumpida por vía de
las fusiones y las compras «de rescate» de empresas.
De este modo, la parte del capital transnacional
en el PIB mundial ha pasado de 17% a mitad
de los años 60 a 24% en 1982 y a más del 30%
en 1995. Las 200 primeras son conglomerados
cuyas actividades planetarias cubren sin distinción
los sectores primario, secundario y terciario:
grandes explotaciones agrícolas, producción
manufacturera, servicios financieros, comercio,*

people has doubled; the number of children living
only on social assistance has gone from 7% in 1979
to 26% in 1994; the number of Britons living in
poverty (defined as less than half the minimum wage)
has risen from 5 million to 13,700,000; 10% of the
poorest have lost 13% of their purchasing power,
while 10% of the richest have gained 65% and in the
last five years the number of millionaires has doubled
(data from LMD. IV/97).

At the beginning of the 90's *"... some
37,000 transnational firms enclosed, with their
170,000 subsidiaries, the international economy
in their tentacles. However, the center of power is
located in the most restricted circle of the top 200:
since the beginning of the 1980s, they have had
uninterrupted expansion through mergers and
"rescue" purchases of companies. In this way, the
share of transnational capital in world GDP has
gone from 17% in the mid-1960s to 24% in 1982
and to more than 30% in 1995. The first 200 are
conglomerates whose global activities cover the
sectors without distinction. primary, secondary and
tertiary: large agricultural holdings, manufacturing
production, financial services, commerce, etc.
Geographically they are distributed among*

etc. Geográficamente ellas se reparten entre 10 países: Japón (62), Estados Unidos (53), Alemania (23), Francia (19), Reino Unido (11), Suiza (8), Corea del Sur (6), Italia (5) y Países Bajos (4)». (Frédéric F. Clairmont. Op.Cit.).

Los «Doscientos Primeros» del Mundo.

País	Número de Empresas	Negocios	Ganancias (MMD)	% de Negocios Mundiales	% Ganancias Mundiales
Japón	62	3,196	46	40.7%	18.3%
EU	52	1,198	98	25.4%	39.2%
Alemania	23	786	24.5	10.0%	9.8%
Francia	19	572	16	7.3%	6.3%
Reino Unido	11	275	20	3.5%	8.0%
Switzerland	8	244	9.7	3.1%	3.9%
Corea Sur	6	183	3.5	2.3%	1.4%
Italia	5	171	6	2.2%	2.5%
Reino Unido/ Países Bajos	2	159	9	2.0%	3.7%
Países Bajos	4	118	5	1.5%	2.0%
Venezuela	1	26	3	0.3%	1.2%
Suecia	1	24	1.3	0.3%	0.5%
Bélgica/ Países Bajos	1	22	0.8	0.3%	0.3%
México	1	22	1.5	0.3%	0.6%
China	1	19	0.8	0.2%	0.3%
Brasil	1	18	4.3	0.2%	1.7%
Canadá	1	17	0.5	0.2%	0.2%
Totales	200	7,850	251	100%	100%
PIB Mundial		25,223		31.20%	

(Frédéric F. Clairmont. Op.Cit.).../

10 countries: Japan (62), United States (53), Germany (23), France (19), United Kingdom (11), Switzerland (8), South Korea (6), Italy (5) and Netherlands (4)". (**Frédéric F. Clairmont. Op.Cit.**).

The "Top Two Hundred" in the World.

Country	Number of Companies	Businesses	Earnings (MMD)	% of Global Business	% Global Profit
Japan	62	3,196	46	40.7%	18.3%
EU	52	1,198	98	25.4%	39.2%
Germany	23	786	24.5	10.0%	9.8%
France	19	572	16	7.3%	6.3%
United Kingdom	11	275	20	3.5%	8.0%
Switzerland	8	244	9.7	3.1%	3.9%
South Korea	6	183	3.5	2.3%	1.4%
Italy	5	171	6	2.2%	2.5%
United Kingdom/ Netherlands	2	159	9	2.0%	3.7%
Netherlands	4	118	5	1.5%	2.0%
Venezuela	1	26	3	0.3%	1.2%
Sweden	1	24	1.3	0.3%	0.5%
Belgium/ Netherlands	1	22	0.8	0.3%	0.3%
Mexico	1	22	1.5	0.3%	0.6%
China	1	19	0.8	0.2%	0.3%
Brazil	1	18	4.3	0.2%	1.7%
Canada	1	17	0.5	0.2%	0.2%
Totals	200	7,850	251	100%	100%
Global GDP		25,223		31.20%	

(**Frédéric F. Clairmont. Op.Cit.**).../

Aquí tiene usted el símbolo
del poder económico.
Ahora píntese de color verde dólar.
Del olor nauseabundo no se preocupe,
el aroma a estiércol, lodo y sangre le
viene de nacimiento...

PIEZA 2:
La globalización de la explotación.

La figura 2 se construye dibujando un triángulo.

Una de las falacias neoliberales consiste en decir
que el crecimiento económico de las empresas trae
aparejados un mejor reparto de la riqueza y un
crecimiento del empleo. Pero no es así. De la misma
forma en que el crecimiento del poder político de un
rey no trae como consecuencia un crecimiento del
poder político de los súbditos (antes al contrario),
el absolutismo del capital financiero no mejora la
distribución de la riqueza ni provoca mayor trabajo
para la sociedad. Pobreza, desempleo y precariedad
del trabajo son sus consecuencias estructurales.

Here you have the symbol
of economic power.
Now paint yourself dollar green.
Don't worry about the nauseating smell,
the aroma of manure, mud and blood
comes from birth...

PIECE 2:
The globalization of exploitation

Figure 2 is constructed by drawing a triangle.

One of the neoliberal fallacies is to say that the
economic growth of companies brings with it
a better distribution of wealth and growth in
employment. But it's not like that. In the same way
that the growth of the political power of a king
does not result in a growth of the political power of
the subjects (quite the opposite), the absolutism of
financial capital does not improve the distribution
of wealth or create more jobs for the society.
Poverty, unemployment and job insecurity are its
structural consequences.

En los años de las décadas de 1960 y 1970, la población considerada pobre (con menos de un dólar diario de ingreso para resolver sus necesidades elementales, según el Banco Mundial) era de unos 200 millones de personas. Para el inicio de la década de los 90´s sumaba ya 2,000 millones de seres humanos. Además, el «... *montante de las 200 empresas más importantes del planeta representa más de un cuarto de la actividad económica mundial; y sin embargo, esas 200 firmas emplean sólo a 18,8 millones de asalariados, o sea, menos del 0,75 % de la mano de obra del planeta»* (**Ignacio Ramonet en LMD. Enero 1997 #15**).

Más seres humanos pobres y más empobrecidos, menos personas ricas y más enriquecidas, éstas son las lecciones del trazo de la pieza 1 del rompecabezas neoliberal. Para lograr este absurdo, el sistema capitalista mundial «moderniza» la producción, la circulación y el consumo de las mercancías. La nueva revolución tecnológica (la informática) y la nueva revolución política (las megápolis emergentes sobre las ruinas de los Estados Nacionales) producen una nueva «revolución» social. Esta «revolución» social no consiste más que en un reacomodo, un reordenamiento de las fuerzas sociales, principalmente de la fuerza de trabajo.

La Población Económicamente Activa (PEA)

In the 1960s and 1970s, the population that was considered poor (with less than a dollar a day of income to meet their basic needs, according to the World Bank) numbered about 200 million people. By the beginning of the 90's there were already 2,000 million human beings. Furthermore, the "... *amount of the 200 most important companies on the planet represents more than a quarter of global economic activity; and yet, those 200 firms employ only 18.8 million employees, that is, less than 0.75% of the planet's workforce*" (**Ignacio Ramonet in LMD, January 1997 #15**).

More poor and more impoverished human beings, fewer rich and more enriched people, these are the lessons from the outline of piece 1 of the neoliberal jigsaw puzzle. To achieve this absurdity, the world capitalist system "modernizes" the production, circulation and consumption of goods. The new technological revolution (information technology) and the new political revolution (the emerging megapolises on the ruins of Nation-States) produce a new social "revolution." This social "revolution" consists of nothing more than a rearrangement, a reordering of social forces, mainly of the labor force.

The world's Economically Active Population

mundial pasó de 1,376 millones en 1960, a 2,374 millones de trabajadores en 1990. Más seres humanos con capacidad de trabajo, es decir, de generar riquezas.

Pero el «nuevo orden mundial» no sólo acomoda a esta nueva fuerza de trabajo en espacios geográficos y productivos, además, reordena su lugar (o su no-lugar, como en el caso de desempleados y subempleados) en el plan globalizador de la economía.

La Población Mundial Empleada por Actividad (PMEA) se modificó sustancialmente en los últimos 20 años. La PMEA en el sector agrícola y pesquero pasó del 22% en 1970, al 12% en 1990; en la manufactura del 25% en 1970, al 22% en 1990; mientras que en el sector terciario (comercio, transporte, banca y servicios) creció del 42% en 1970, al 56% en 1990. En el caso de los países subdesarrollados, el sector terciario creció del 40% en 1970, a 57% en 1990; mientras que su población empleada en el sector agrícola y pesquero cayó del 30% en 1970, al 15% en 1990. (**Datos de «Mercado Mundial de Fuerza de Trabajo en el Capitalismo Contemporáneo». Ochoa Chi, Juanita del Pilar. UNAM. Economía. México, 1997**).

Esto significa que cada vez más trabajadores

(EAP) went from 1,376 million in 1960 to 2,374 million workers in 1990. More human beings with the capacity to work, that is, to generate wealth.

But the "new world order" not only accommodates this new workforce in geographical and productive spaces, it also reorganizes its place (or its non-place, as in the case of the unemployed and underemployed) in the globalizing plan of the economy.

The World Population Employed by Activity (PMEA) has changed substantially in the last 20 years. The PMEA in the agricultural and fishing sector went from 22% in 1970 to 12% in 1990; in manufacturing from 25% in 1970, to 22% in 1990; while in the tertiary sector (commerce, transportation, banking and services) it grew from 42% in 1970, to 56% in 1990. In the case of underdeveloped countries, the tertiary sector grew from 40% in 1970, to 57% in 1990; while its population employed in the agricultural and fishing sector fell from 30% in 1970 to 15% in 1990. (**Data from "World Labor Force Market in Contemporary Capitalism". Ochoa Chi, Juanita del Pilar. UNAM. Economy. Mexico, 1997**).

This means that more and more workers

son canalizados hacia las actividades necesarias
para incrementar la productividad o para acelerarla
realización de mercancías. El sistema neoliberal opera
así como un megapatrón, concibiendo al mercado
mundial como una empresa unitaria, administrada
con criterios «modernizadores».

Pero la «modernidad» neoliberal parece más
cercana al bestial nacimiento del capitalismo como
sistema mundial, que a la «racionalidad» utópica. La
«moderna» producción capitalista sigue basada en el
trabajo de niños, mujeres y trabajadores inmigrantes.
De los 1,148 millones de niños en el mundo, por lo
menos 100 millones viven literalmente en la calle y 200
millones trabajan, y se prevé que serán 400 millones
para el año 2000. Se dice, además, que 146 millones de
niños asiáticos laboran en la producción de autopartes,
juguetería, ropa, comida, herrería y química. Pero esta
explotación del trabajo infantil no sólo se da en los
países subdesarrollados, 40% de los niños ingleses y
20% de los niños franceses trabajan para completar
el gasto familiar o para sobrevivir. También en la
«industria» del placer hay lugar para los infantes. La
ONU calcula que, cada año, un millón de niños entra
al comercio sexual (**datos en Ochoa Chi, J. Op.Cit.**).

La bestia neoliberal invade el todo social

are channeled into activities necessary to increase productivity or to accelerate the realization of goods. The neoliberal system thus operates as a mega-pattern, conceiving the world market as a unitary enterprise, managed with "modernizing" criteria.

But neoliberal "modernity" seems closer to the bestial birth of capitalism as a world system than to utopian "rationality." "Modern" capitalist production continues to be based on the labor of children, women and migrant workers. Of the 1,148 million children in the world, at least 100 million literally live on the streets and 200 million work, and it is expected that there will be 400 million by the year 2000. It is also said that 146 million Asian children work in the production of auto parts, toys, clothing, food, blacksmithing and chemicals. But this exploitation of child labor does not only occur in underdeveloped countries, 40% of English children and 20% of French children work to complete family expenses or to survive. Also in the "industry" of pleasure there is a place for infants. The UN estimates that, every year, one million children enter the sex trade (**data in Ochoa Chi, J. Op. Cit.**).

The neoliberal beast invades the global

mundial homogeneizando hasta las pautas de alimentación. «*En términos globales si bien observamos que hay particularidades en el consumo alimenticio de cada región, (y a su interior), no por ello deja de ser evidente el proceso de homogeneización que se está imponiendo, incluso sobre las diferencias fisiológico – culturales de las diversas zonas.*» («**Mercado mundial de medios de subsistencia. 1960-1990». Ocampo Figueroa, Nashelly, y Flores Mondragón, Gonzalo. UNAM. Economía. 1994.**)

Esta bestia le impone a la humanidad una pesada carga. El desempleo y la precariedad de millones de trabajadores en todo el mundo es una aguda realidad que no tiene visos ni siquiera de atenuarse. El desempleo en los países de la Organización para la Cooperación y del Desarrollo Económico (OCDE) pasó del 3,8% en 1966, al 6,3% en 1990. Tan sólo en Europa pasó del 2,2% en 1966, al 6,4% en 1990.

La imposición de las leyes del mercado en todo el mundo, el mercado globalizado, no ha hecho sino destruir las pequeñas y medianas empresas. Al desaparecer los mercados locales y regionales, los pequeños y medianos productores se ven a sí mismos sin protecciones y sin posibilidad alguna de competir contra los gigantes transnacionales.

social whole, homogenizing even eating patterns. *"In global terms, although we observe that there are particularities in the food consumption of each region (and within it), the process of homogenization that is being imposed is still evident, even over the physiological-cultural differences of the various regions. zones."* (**"World market for livelihoods. 1960-1990." Ocampo Figueroa, Nashelly, and Flores Mondragón, Gonzalo. UNAM. Economía. 1994.**)

This beast imposes a heavy burden on humanity. The unemployment and precariousness of millions of workers around the world is an acute reality that shows no signs of even attenuating. Unemployment in the countries of the Organization for Economic Cooperation and Development (OECD) went from 3.8% in 1966 to 6.3% in 1990. In Europe alone it went from 2.2% in 1966 to 6. 4% in 1990.

The imposition of the laws of the market throughout the world, the globalized market, has done nothing but destroy small and medium-sized businesses. As local and regional markets disappear, small and medium producers see themselves without protections and without any possibility of competing against transnational giants.

Resultado: quiebre masivo de empresas. Consecuencia: millones de trabajadores al desempleo.

El absurdo neoliberal reiterado: el crecimiento de la producción no genera empleo, al contrario, lo destruye. La Organización de las Naciones Unidas (ONU) nombra a esta etapa como «crecimiento sin empleo».

Pero la pesadilla no termina ahí. Además de la amenaza del desempleo, los trabajadores deben enfrentar condiciones precarias de ocupación. Mayor inestabilidad del empleo, prolongación de las jornadas de trabajo y desventaja salarial, son consecuencias de la globalización en general y de la «terciarización» de la economía (el crecimiento del sector «servicios») en particular. *«En los países dominados, la mano de obra sufre una precariedad multiforme: extremada movilidad, empleos sin contrato, salarios irregulares y generalmente inferiores al mínimo vital y regímenes de jubilación héticos, actividades independientes no declaradas, con ingresos aleatorios, es decir, servidumbre o realización de un trabajo forzoso por parte de sectores, supuestamente protegidos, como los niños»* (**Alain Morice. «Los trabajadores extranjeros, avanzadilla de la precariedad». LMD. Enero 97**).

Las consecuencias de todo esto se traducen

Result: massive bankruptcy of companies. Consequence: millions of workers unemployed.

The neoliberal absurdity reiterated: the growth of production does not generate employment, on the contrary, it destroys it. The United Nations (UN) names this stage as "jobless growth."

But the nightmare doesn't end there. In addition to the threat of unemployment, workers must face precarious employment conditions. Greater instability of employment, lengthening of working hours and salary disadvantage are consequences of globalization in general and of the "tertiarization" of the economy (the growth of the "services" sector) in particular. *"In dominated countries, the workforce suffers from multiform precariousness: extreme mobility, jobs without a contract, irregular salaries and generally below the minimum living wage and hetical retirement regimes, undeclared independent activities, with random income, that is, servitude or performance of forced labor by supposedly protected sectors, such as children"* (**Alain Morice. "Foreign workers, vanguard of precariousness." LMD. January 97).**

The consequences of all this translate into a

en un verdadero desfonde social globalizado. El reordenamiento de los procesos de producción y circulación de mercancías y el reacomodo de las fuerzas productivas, producen un excedente peculiar: seres humanos que sobran, que no son necesarios para el «nuevo orden mundial», que no producen, que no consumen, que no son sujetos de crédito, en suma, que son **desechables.**

Cada día, los grandes centros financieros imponen sus leyes a naciones y a grupos de naciones en todo el mundo. Reordenan y reacomodan a sus habitantes. Y, al terminar la operación, se encuentran con que «sobran» personas. «*Se dispara, por tanto, el volumen de población excedente, que no sólo está sometida al azote de la pobreza más aguda, sino que no cuenta para nada, que está desestructurada y atomizada, y cuya única finalidad es deambular por las calles sin rumbo fijo, sin vivienda ni trabajo, sin familia ni relaciones sociales -al menos mínimamente estables -, con la única compañía de sus cartones o bolsas de plástico*» (**Fernández Durán, Ramón. «Contra la Europa del capital y la globalización económica». Talasa. Madrid, 1996**).

La globalización económica «... *hizo necesaria una disminución de los salarios reales a nivel internacional, que junto con la disminución del gasto*

true globalized social crisis. The reordering of the processes of production and circulation of goods and the rearrangement of productive forces produce a peculiar surplus: surplus human beings, who are not necessary for the "new world order", who do not produce, who do not consume, who They are not subjects of credit, in short, they are **disposable**.

Every day, large financial centers impose their laws on nations and groups of nations around the world. They reorder and rearrange their inhabitants. And, at the end of the operation, they find that there are "surplus" people. *"Therefore, the volume of surplus population skyrockets, which is not only subject to the scourge of the most acute poverty, but also does not count for anything, which is unstructured and atomized, and whose only purpose is to wander the streets aimlessly. fixed, without housing or work, without family or social relationships - at least minimally stable -, with the only company of their cardboard or plastic bags"* (**Fernández Durán, Ramón. "Against the Europe of capital and economic globalization." Talasa Madrid, 1996**).

Economic globalization *"... made necessary a decrease in real wages at the international level, which together with the decrease in social*

social (salud, educación, vivienda y alimentación) y una política antisindical, vinieron a constituir la parte fundamental de las nuevas políticas neoliberales de reactivación capitalista» (**Ocampo F. y Flores M. Op. Cit.**).

Aquí tiene usted la representación de la pirámide de explotación mundial.

Pieza 3:
Migración, la pesadilla errante.

La figura 3 se construye dibujando un círculo.

Hablamos antes de la existencia de nuevos territorios, al final de la III Guerra Mundial, que esperaban ser conquistados (los antiguos países socialistas), y de otros que debían ser reconquistados por el «nuevo orden mundial». Para lograrlo, los centros financieros llevan adelante una triple estrategia criminal y brutal: proliferan las «guerras regionales» y los «conflictos internos», los capitales siguen rutas de acumulación atípica, y se movilizan grandes masas de trabajadores.

El resultado de esta guerra mundial de conquista

*spending (health, education, housing and food)
and an anti-union policy, came to constitute the
fundamental part of the new neoliberal policies of
capitalist reactivation"* (**Ocampo F. and Flores M.
Op. Cit.**).

> *Here you have the representation of the
> pyramid of global exploitation.*

Piece 3:
Migration, the wandering nightmare.

Figure 3 is constructed by drawing a circle.

We spoke before about the existence of new
territories, at the end of World War III, that were
waiting to be conquered (the former socialist
countries), and of others that had to be reconquered
by the "new world order." To achieve this, financial
centers carry out a triple criminal and brutal strategy:
"regional wars" and "internal conflicts" proliferate,
capital follows atypical accumulation routes, and large
masses of workers are mobilized.

The result of this global war of conquest is a

es una gran rueda de millones de migrantes en todo el mundo. «Extranjeros» en el mundo «sin fronteras» que prometieron los vencedores de la III Guerra Mundial, millones de personas padecen la persecución xenófoba, la precarización laboral, la pérdida de identidad cultural, la represión policíaca, el hambre, la cárcel y la muerte.

«Del Río Grande americano al espacio Schengen «europeo», se confirma una doble tendencia contradictoria: por un lado las fronteras se cierran oficialmente a las migraciones de trabajo, por otro, ramas enteras de la economía oscilan entre la inestabilidad y la flexibilidad, que son los medios más seguros para atraer la mano de obra extranjera» **(Alain Morice. Op.Cit.).**

Con nombres distintos, bajo una diferenciación jurídica, compartiendo una igualdad miserable, los migrantes o refugiados o desplazados de todo el mundo son «extranjeros» tolerados o rechazados. La pesadilla de la migración, cualquiera que sea la causa que la provoque, sigue rodando y creciendo sobre la superficie planetaria. El número de personas que estarían en el ámbito de competencia del Alto Comisionado de las Naciones Unidas para Refugiados (ACNUR) ha crecido desproporcionadamente algo más de 2 millones en 1975, a más de 27 millones en 1995.

great wheel of millions of migrants around the world. "Foreigners" in the "borderless" world that the victors of World War III promised, millions of people suffer xenophobic persecution, job insecurity, the loss of cultural identity, police repression, hunger, prison and death.

"From the American Rio Grande to the 'European' Schengen area, a double contradictory tendency is confirmed: on the one hand, borders are officially closed to migrations of workers, on the other, entire branches of the economy oscillate between instability and flexibility, which are the safest means to attract foreign labor" (**Alain Morice. Op. Cit.**).

With different names, under a legal differentiation, sharing a miserable equality, migrants or refugees or displaced people around the world are "foreigners" tolerated or rejected. The nightmare of migration, whatever the cause that provokes it, continues to roll and grow on the planetary surface. The number of people who would be within the scope of competence of the United Nations High Commissioner for Refugees (UNHCR) has grown disproportionately from just over 2 million in 1975 to more than 27 million in 1995.

Destruidas las fronteras nacionales (para las mercancías), el mercado globalizado organiza la economía mundial: la investigación y el diseño de bienes y servicios, así como su circulación y consumo, son pensados en términos intercontinentales. Para cada parte del proceso capitalista, el «nuevo orden mundial» organiza el flujo de fuerza de trabajo, especializada y no, hacia donde lo necesita. Lejos de sujetarse a la «libre concurrencia» tan cacareada por el neoliberalismo, los mercados de empleo están cada vez más determinados por los flujos migratorios. Tratándose de trabajadores especializados, aunque poco en comparación con la migración mundial, este «traspaso de cerebros» representa mucho en términos de poder económico y de conocimientos. Pero, sea de fuerza de trabajo calificada, sea de simple mano de obra, la política migratoria del neoliberalismo está más orientada a desestabilizar el mercado mundial de trabajo que a frenar la inmigración.

La IV Guerra Mundial, con su proceso de destrucción / despoblamiento y reconstrucción / reordenamiento, provoca el desplazamiento de millones de personas. Su destino será el seguir errantes, con su pesadilla a cuestas, y ofrecer a los trabajadores con empleo en las distintas naciones una amenaza a su estabilidad laboral, un enemigo para suplir la imagen del

With national borders destroyed (for
commodities), the globalized market organizes
the world economy: the research and design of
goods and services, as well as their circulation and
consumption, are thought of in intercontinental
terms. For each part of the capitalist process, the
"new world order" organizes the flow of labor power,
specialized and otherwise, to where it is needed.
Far from being subject to the "free competition" so
vaunted by neoliberalism, employment markets are
increasingly determined by migratory flows. In the
case of specialized workers, although little compared
to global migration, this "brain transfer" represents a
lot in terms of economic power and knowledge. But,
whether it is a qualified labor force or simple labor,
neoliberalism's immigration policy is more oriented
toward destabilizing the global labor market than
stopping immigration.

World War IV, with its process of
destruction/depopulation and reconstruction/
reorganization, causes the displacement of millions of
people. Their destiny will be to continue wandering,
with their nightmare on their backs, and offer
workers with jobs in different nations a threat to their
job stability, an enemy to replace the image of the

patrón, y un pretexto para darle sentido a la sinrazón racista que el neoliberalismo promueve.

Éste es el símbolo de la pesadilla errante de la migración mundial, una rueda de terror que gira por todo el mundo.

Pieza 4:
Mundialización financiera
y globalización de la corrupción y el crimen.

La figura 4 se construye dibujando un rectángulo.

Los medios masivos de comunicación nos regalan una imagen de los dirigentes de la delincuencia mundial: hombres y mujeres vulgares, vestidos estrafalariamente, viviendo en mansiones ridículas o tras los barrotes de una cárcel. Pero esa imagen oculta más de lo que muestra: ni los verdaderos jefes de las mafias modernas, ni su organización, ni sus influencias reales en los terrenos económicos y políticos son divulgados públicamente.

Su usted piensa que el mundo de la delincuencia es sinónimo de ultratumba y oscuridad, está equivocado. Durante el período de la llamada «Guerra Fría», el crimen organizado fue adquiriendo una imagen

boss, and a pretext to give meaning to racist unreason. that neoliberalism promotes.

This is the symbol of the wandering nightmare of global migration, a wheel of terror that spins around the world.

Piece 4:
Financial globalization and
the globalization of corruption and crime.

Figure 4 is constructed by drawing a rectangle

The mass media gifts us an image of the leaders of global crime: vulgar men and women, dressed outlandishly, living in ridiculous mansions or behind the bars of a prison. But this image hides more than it shows: neither the true leaders of the modern mafias, nor their organization, nor their real influences in the economic and political terrains are disclosed to the public.

If you think that the world of crime is synonymous with the afterlife and darkness, you are wrong. During the period of the so-called "Cold War", organized crime acquired a more respectable image

más respetable y no sólo empezó a funcionar como cualquier empresa moderna, también fue penetrando profundamente en los sistemas políticos y económicos de los Estados nacionales. Con el inicio de la IV Guerra Mundial, la implantación del «nuevo orden mundial», y su consiguiente apertura de mercados, privatizaciones, la desregulación del comercio y las finanzas internacionales, el crimen organizado «globalizó» sus actividades.

«Según la ONU, los ingresos mundiales anuales de las organizaciones criminales transnacionales (OCT) son del orden de 1000 miles de millones de dólares, un monto equivalente al PNB combinado de países de ingreso débil (según la categorización de la banca mundial) y de sus 3 mil millones de habitantes. Esta estimación toma en cuenta tanto el producto del tráfico de droga, las ventas ilícitas de armas, el contrabando de materiales nucleares, etc., y las ganancias de las actividades controladas por las mafias (prostitución, juego, mercado negro de divisas…).

En cambio, no mide la importancia de las inversiones continuamente realizadas por las organizaciones criminales dentro de la esfera de control de negocios legítimos, ni tampoco la dominación que ellas ejercen sobre los medios de producción dentro de numerosos sectores de la economía legal» (**Michel**

and not only began to function like any modern company, it also penetrated deeply into the political and economic systems of Nation-States. With the start of World War IV, the implementation of the "new world order", and its consequent opening of markets, privatizations, the deregulation of international trade and finance, organized crime "globalized" its activities.

"According to the UN, the annual global income of transnational criminal organizations (TCOs) is on the order of 1000 billion dollars, an amount equivalent to the combined GNP of weak-income countries (according to the global banking categorization) and its 3 billion inhabitants. This estimate takes into account both the proceeds of drug trafficking, illicit sales of weapons, smuggling of nuclear materials, etc., and the profits from activities controlled by mafias (prostitution, gambling, black currency market...).

On the other hand, it does not measure the importance of the investments continually made by criminal organizations within the sphere of control of legitimate businesses, nor the domination that they exercise over the means of production within numerous sectors of the legal economy" (**Michel**

Chossudovsky, «La Corruption mondialisée» en «Géopolitique du Chaos». Op. Cit.).

Las organizaciones criminales de los 5 continentes han hecho suyo el «espíritu de cooperación mundial» y, asociadas, participan en la conquista y reordenamiento de los nuevos mercados. Pero no sólo en actividades criminales, también participan en negocios legales. El crimen organizado invierte en negocios legítimos no sólo para «blanquear» el dinero sucio, también para hacerse de capital para sus actividades ilegales. Las empresas preferidas para esto son las inmobiliarias de lujo, la industria del ocio, los medios de comunicación, la industria, la agricultura, los servicios públicos y... ¡la banca!

¿Alí Babá y los 40 banqueros? No, algo peor. El dinero sucio del crimen organizado es utilizado por los bancos comerciales para sus actividades: préstamos, inversiones en los mercados financieros, compra de bonos de deuda externa, compra y venta de oro y divisas. *«En muchos países, las organizaciones criminales se han convertido en los acreedores del Estados y ejercen, por su acción sobre los mercados, una influencia sobre la política macroeconómica de los gobiernos. Sobre las bolsas de valores, ellas invierten igualmente en los mercados especulativos de productos derivados y de materias primas»* **(M. Chossudovsky, Op. Cit.).**

Chossudovsky , "La Corruption mondialisée" in "Géopolitique du Chaos". Op. Cit.).

Criminal organizations from the 5 continents have adopted the "spirit of global cooperation" and, together, participate in the conquest and reorganization of new markets. But not only in criminal activities, they also participate in legal businesses. Organized crime invests in legitimate businesses not only to "launder" dirty money, but also to obtain capital for their illegal activities. The preferred companies for this are luxury real estate, the leisure industry, the media, industry, agriculture, public services and… banking!

Ali Baba and the 40 bankers? No, something worse. The dirty money of organized crime is used by commercial banks for their activities: loans, investments in financial markets, purchase of foreign debt bonds, purchase and sale of gold and currencies. "*In many countries, criminal organizations have become the creditors of the State and exercise, through their action on the markets, an influence on the macroeconomic policy of the governments. On the stock markets, they also invest in the speculative markets for derivative products and raw materials*" (**M. Chossudovsky, Op. Cit.**).

Por si fuera poco, el crimen organizado cuenta con los llamados paraísos fiscales. En todo el mundo hay, cuando menos, 55 paraísos fiscales (uno de ellos, en las Islas Caimán, tiene el quinto lugar mundial como centro bancario y tiene más bancos y sociedades registradas que habitantes). Las Bahamas, las islas Vírgenes británicas, las Bermudas, San Martin, Vanuatu, las islas Cook, la isla Mauricio, Luxemburgo, Suiza, las islas Anglo-Normandas, Dublín, Mónaco, Gibraltar, Malta, son buenos lugares para que el crimen organizado se relacione con las grandes firmas financieras del mundo.

Además de «blanqueo» de dinero sucio, los paraísos fiscales son usados para evadir impuestos, de aquí que sean un punto de contacto entre gobernantes, empresarios y capos del crimen organizado. La alta tecnología, aplicada a las finanzas, permite la circulación rápida del dinero y la desaparición de ganancias ilegales. *«Los negocios legales e ilegales están cada vez más imbricados, introducen un cambio fundamental en las estructuras del capitalismo de la posguerra. Las mafias invierten en negocios legales e, inversamente, ellas canalizan recursos financieros hacia la economía criminal, a través del control de bancos o de empresas comerciales implicadas en el blanqueo de dinero sucio o que tiene relaciones con las organizaciones criminales.*

As if that were not enough, organized crime has so-called tax havens. Throughout the world there are at least 55 tax havens (one of them, the Cayman Islands, is the fifth largest banking center in the world and has more banks and registered companies than inhabitants). The Bahamas, the British Virgin Islands, Bermuda, Saint Martin, Vanuatu, the Cook Islands, Mauritius, Luxembourg, Switzerland, the Anglo-Norman Islands, Dublin, Monaco, Gibraltar, Malta are good places for organized crime relates to the world's largest financial firms.

In addition to "laundering" dirty money, tax havens are used to evade taxes, which is why they are a point of contact between rulers, businessmen and organized crime bosses. High technology, applied to finance, allows the rapid circulation of money and the disappearance of illegal profits. *"Legal and illegal businesses are increasingly intertwined, introducing a fundamental change in the structures of post-war capitalism. Mafias invest in legal businesses and, conversely, they channel financial resources towards the criminal economy, through the control of banks or commercial companies involved in laundering dirty money or that have relations*

Los bancos pretenden que las transacciones son efectuadas de buena fe y que sus dirigentes ignoran el origen de los fondos depositados. La consigna de no preguntar nada, el secreto bancario y el anonimato de las transacciones, todo está garantizando los intereses del crimen organizado, protegen a la institución bancaria de investigaciones públicas y de inculpaciones. No solamente los grandes bancos aceptan blanquear dinero, en vista de sus pesadas comisiones, sino que también concesionan créditos a tasas de interés elevadas a las mafias, en detrimento de las inversiones productivas industriales o agrícolas» (**M. Chossudovsky, Op. Cit.**).

La crisis de la deuda mundial, en los 80´s, provocó que el precio de las materias primas se fuera para abajo. Esto hizo que los países subdesarrollados vieran reducidos drásticamente sus ingresos. Las medidas económicas dictadas por el Banco Mundial y el Fondo Monetario Internacional, supuestamente para «recuperar» la economía de estos países, sólo agudizaron las crisis de los negocios legales. En consecuencia, la economía ilegal se ha desarrollado para llenar el vacío dejado por la caída de los mercados nacionales.

De acuerdo con un informe de las Naciones

*with criminal organizations. The banks claim
that the transactions are carried out in good faith
and that their leaders are unaware of the origin
of the deposited funds. The slogan of not asking
anything, banking secrecy and the anonymity
of transactions, everything is guaranteeing the
interests of organized crime, protecting the
banking institution from public investigations
and accusations. Not only do the big banks
agree to launder money, in view of their heavy
commissions, but they also grant loans at high
interest rates to the mafias, to the detriment of
productive industrial or agricultural investments"*
(**M. Chossudovsky, Op. Cit.**).

The global debt crisis in the 1980s provoked
the price of raw materials to drop. This caused
underdeveloped countries to see their income
drastically reduced. The economic measures dictated
by the World Bank and the International Monetary
Fund, supposedly to "recover" the economy of
these countries, only worsened the crises of legal
businesses. Consequently, the illegal economy has
developed to fill the void left by the decline of
national markets.

According to a United Nations report, *"the*

Unidas, «*la intrusión de los sindicatos del crimen a sido facilitada por los programas de ajuste estructural que los países endeudados han sido obligados a aceptar para tener acceso a los préstamos del Fondo Monetario Internacional*» (**United Nations. «La Globalization du crime» New York, 1995**).

Así que aquí tiene usted el espejo rectangular donde legalidad e ilegalidad intercambian reflejos.

¿De qué lado del espejo está el criminal?

¿De cuál el que lo persigue?

Pieza 5:
¿La legítima violencia
de un poder ilegítimo?

La figura 5 se construye dibujando un pentágono.

El Estado, en el neoliberalismo, tiende a contraerse al «mínimo indispensable». El llamado «Estado Benefactor» no sólo se convierte en obsoleto, se desprende de todo lo que lo constituía en tal y se queda desnudo.

En el cabaret de la globalización, tenemos el «show» del Estado sobre una «table dance» que se

intrusion of crime syndicates has been facilitated by the structural adjustment programs that indebted countries have been forced to accept in order to access loans from the International Monetary Fund" (United Nations "The Globalization of Crime" New York, 1995).

So here you have the rectangular mirror where legality and illegality exchange reflections.

Which side of the mirror is the criminal on?

Which one is chasing him?

Piece 5:
The legitimate violence
of an illegitimate power?

Figure 5 is constructed by drawing a pentagon

The State, in neoliberalism, tends to contract to the "indispensable minimum." The so-called "Welfare State" not only becomes obsolete, it detaches itself from everything that made it such and remains naked.

In the cabaret of globalization, we have the State's "show" through a "table dance" that

despoja de todo hasta quedar con su prenda mínima indispensable: la fuerza represiva. Destruida su base material, anuladas sus posibilidades de soberanía e independencia, desdibujadas sus clases políticas, los Estados Nacionales se convierten, más o menos rápido, en un mero aparato de «seguridad» de las megaempresas que el neoliberalismo va erigiendo en el desarrollo de esta IV Guerra Mundial.

En lugar de que la inversión pública la orienten al gasto social, los Estados Nacionales prefieren mejorar su equipo, armamento y preparación para cumplir con eficacia la labor que la política dejó de cumplir hace años: el control de la sociedad.

Los «profesionales de la violencia legítima» se llaman a sí mismos los aparatos represivos de los Estados Modernos. Pero, ¿qué hacer si la violencia está ya bajo las leyes del mercado? ¿Dónde está la violencia legítima y dónde la ilegítima? ¿Qué monopolio de la violencia pueden pretender los maltrechos Estados nacionales si el libre juego de la oferta y la demanda desafía ese monopolio? ¿No demostró la pieza 4 que el crimen organizado, los gobiernos y los centros financieros están más que bien relacionados? ¿No es palpable que el crimen organizado cuenta con verdaderos ejércitos sin más frontera que el poder de fuego del rival? Así que el

strips itself of everything until it is left with its minimum essential garment: repressive force. With their material base destroyed, their possibilities of sovereignty and independence annulled, their political classes blurred, Nation-States become, more or less quickly, a mere "security" apparatus for the mega-companies that neoliberalism is erecting in the development of this World War IV.

Instead of directing public investment to social spending, Nation-States prefer to improve their equipment, weapons and preparation to effectively carry out the task that politics stopped fulfilling years ago: the control of society.

The "professionals of legitimate violence" call themselves the repressive apparatus of Modern States. But what to do if violence is already under the laws of the market? Where is the legitimate violence and where is the illegitimate? What monopoly on violence can the battered Nation-States claim if the free play of supply and demand challenges that monopoly? Didn't piece 4 demonstrate that organized crime, governments and financial centers are more than well connected? Isn't it palpable that organized crime has veritable armies with no other border than the firepower of the rival? So the "monopoly of

«monopolio de la violencia» no pertenece ya a los Estados Nacionales. El mercado moderno lo puso a venta…

Viene a cuento esto porque, debajo de la polémica entre violencia legítima e ilegítima, también está la disputa (falsa, pienso) entre violencia «racional» e «irracional».

Cierto sector de la intelectualidad mundial (insisto en que su quehacer es más complejo que el simple ser «de derecha o de izquierda», «progubernamental o de oposición», «etcétera bueno o etcétera malo») pretende que la violencia se puede ejercer de modo «racional», administrar de forma selectiva, (hay quien, incluso, adelanta algo así como la «mercadotecnia de la violencia»), y aplicar con habilidad «de cirujano» en contra de los males de la sociedad. Algo así inspiró la pasada etapa armamentista en la Unión Americana: armas «quirúrgicas», precisas, y operaciones militares como bisturí del «nuevo orden mundial». Así nacieron las «smart bombs» (que, según me platicó un reportero que cubrió «Desert Storm», no son tan «inteligentes» y batallan para distinguir entre un hospital y un depósito de misiles, en la duda, las «smart bombs» no se abstienen, destruyen). En fin, el Golfo Pérsico, como decían los compañeros de los pueblos zapatistas, está más allá de la capital estatal de Chiapas (aunque la situación de los kurdos tenga semejanzas

violence" no longer belongs to the Nation-States. The
modern market put it up for sale...

This is relevant because, beneath the
controversy between legitimate and illegitimate
violence, there is also the dispute (false, I think)
between "rational" and "irrational" violence.

A certain sector of the world's intelligentsia
(I insist that its work is more complex than simply
being "right or left", "pro-government or opposition",
"etc. good or etc. bad") claims that violence can be
exercised in a "rational" way, administered selectively,
(some even advance something like the "marketing of
violence"), and applied with a "surgeon's" skill against
the evils of society. Something like this inspired the
last weapons phase in the American Union: "surgical"
weapons, precise, and military operations like a
scalpel of the "new world order." Thus were born
the "smart bombs" (which, according to a reporter
who covered "Desert Storm", are not so "intelligent"
and struggle to distinguish between a hospital and
a missile depot, in doubt, the "smart bombs" they do
not abstain, they destroy). In short, the Persian Gulf,
as the compañeros of the Zapatista peoples said, is
beyond the state capital of Chiapas (although the
situation of the Kurds has eerie similarities with the

espeluznantes con los indígenas de un país que se precia de ser «democrático» y «libre»), así que no insistamos en «aquella» guerra cuando tenemos la «nuestra».

Bien, la pugna entre violencia «racional» e «irracional» abre una vía de discusión interesante y, lamentablemente, no es inútil en los tiempos actuales. Podíamos tomar, por ejemplo, qué se entiende por «racional». Si se responde que es la «razón del Estado» (suponiendo que eso existiera y, sobre todo, que se le pudiera reconocer alguna razón al actual Estado neoliberal), entonces cabe preguntarse si esa «razón de Estado» se corresponde a la «razón de la sociedad» (siempre suponiendo que la sociedad de hoy retiene algo de racionalidad) y, más todavía, si la violencia «racional» del Estado es «racional» también a la sociedad. Aquí no hay mucho que discurrir (como no sea ociosamente), la «razón de Estado» en la modernidad no es otra que «la razón de los mercados financieros».

Pero, ¿cómo administra su «violencia racional» el Estado moderno? Y, ojo a la historia, ¿cuánto tiempo dura esa «racionalidad»? ¿El tiempo que va desde una a otra elección o golpe de Estado (según el caso)? ¿Cuántas violencias de Estado, que fueron aplaudidas como «racionales» en su tiempo, son ahora «irracionales»?

Lady Margaret Thatcher, de «grata» memoria

Indigenous people of a country that prides itself on being "democratic" and "free"), so let's not insist on "that" war when we have "ours."

Well, the struggle between "rational" and "irrational" violence opens an interesting avenue of discussion and, unfortunately, is not useless in current times. We could take, for example, what is meant by "rational." If the answer is that it is the "reason of the State" (assuming that this existed and, above all, that some reason could be recognized for the current neoliberal State), then it is worth asking if this "reason of State" corresponds to the "reason of society" (always assuming that today's society retains some rationality) and, even more so, if the "rational" violence of the State is also "rational" to society. There is not much to discuss here (except idly), the "reason of State" in modernity is none other than "the reason of the financial markets."

But how does the modern State administer its "rational violence"? And, look at history, how long does that "rationality" last? The time between one election or coup d'état (as the case may be)? How many state violences, which were applauded as "rational" in their time, are now "irrational"?

Lady Margaret Thatcher, of "fond" memory

para el pueblo británico, se tomó la molestia de prologar el libro «The Next War», de Caspar Weinberg and Peter Schweizer. (Regnery Publisihng, Inc. Washington, D.C. 1996).

En este texto, la señora Thatcher, adelanta algunas reflexiones sobre las 3 similitudes entre el mundo de la Guerra Fría y el de la Pos Guerra Fría: La primera de ellas es que el «mundo libre» nunca carecerá de agresores potenciales. La segunda es la necesidad de una superioridad militar de los «Estados democráticos» sobre los posibles agresores. La tercera similitud es que tal superioridad militar debe ser, sobre todo, tecnológica.

Para terminar su prólogo, la llamada «dama de hierro» define la «racionalidad violenta» de los Estados modernos al señalar: «Una guerra puede ocurrir de muchas maneras diferentes. Pero la peor usualmente pasa porque un poder cree que puede alcanzar sus objetivos sin una guerra o al menos con una guerra limitada que puede ser ganada rápidamente – y, en consecuencia, fallan los cálculos».

Para los señores Weinberg y Schweizer los escenarios de las «Guerras Futuras» son: Corea del Norte y China (abril 6 de 1998), Irán (abril 4 de 1999), México (marzo 7 del 2003), Rusia (febrero 7 del 2006), y el Japón (agosto 19 de 2007). No hay, pues, duda de

for the British people, took the trouble to preface the book "The Next War", by Caspar Weinberg and Peter Schweizer. (Regnery Publishing, Inc. Washington, D.C. 1996).

In this text, Mrs. Thatcher advances some reflections on the 3 similarities between the world of the Cold War and that of the Post-Cold War: The first of them is that the "free world" will never lack potential aggressors. The second is the need for military superiority of "democratic states" over potential aggressors. The third similarity is that such military superiority must be, above all, technological.

To finish her prologue, the so-called "iron lady" defines the "violent rationality" of modern states by pointing out: "A war can happen in many different ways. But the worst usually happens because a power believes it can achieve its objectives without a war or at least with a limited war that can be won quickly – and, consequently, the calculations fail."

For Misters Weinberg and Schweizer the scenarios of the "Future Wars" are: North Korea and China (April 6, 1998), Iran (April 4, 1999), Mexico (March 7, 2003), Russia (February 7, 2006), and Japan (August 19, 2007). There is, therefore, no

quiénes serían los posibles agresores: asiáticos, árabes, latinos y europeos. ¡Casi la totalidad del mundo es considerado «posible agresor» de la «democracia» moderna!

Lógico (cuando menos en la lógica liberal): en la modernidad, el poder (es decir, el poder financiero) sabe que sólo puede «alcanzar sus objetivos» con una guerra, y no con una «guerra limitada que puede ser ganada rápidamente», sino con una guerra totalmente total, mundial en todos los sentidos. Y, si le creemos a la nueva secretaria de Estado de los Estados Unidos, Madeleine Albright, cuando dice: *«Uno de los objetivos prioritarios de nuestro gobierno es el de asegurar que los intereses económicos de los Estados Unidos puedan extenderse a escala planetaria»* («**The Wall Street Journal**». **21/I/1997**), entonces debemos entender que todo el mundo (y quiero decir «todo todo») es el teatro de operaciones de esta guerra.

Es de entender, entonces, que si la disputa por el «monopolio de la violencia» no se da de acuerdo a las leyes del mercado, sino que es desafiado desde abajo, el poder mundial «descubra» en ese reto a un «posible agresor». Este es uno de los desafíos (de los menos estudiados y más «condenados», entre los muchos que representa) lanzado por los indígenas en armas

doubt who the possible aggressors would be: Asians, Arabs, Latines and Europeans. Almost the entire world is considered a "possible aggressor" of modern "democracy"!

Logical (at least in liberal logic): in modernity, power (that is, financial power) knows that it can only "achieve its objectives" with a war, and not with a "limited war that can be won quickly," but with a totally total war, global in every sense. And, if we believe the new Secretary of State of the United States, Madeleine Albright, when she says: *"One of the priority objectives of our government is to ensure that the economic interests of the United States can extend on a planetary scale"* (**"The Wall Street Journal"**, **1/21/1997**), then we must understand that the whole world (and I mean "everything") is the theater of operations of this war.

It is to be understood, then, that if the dispute over the "monopoly of violence" does not occur according to the laws of the market, but is challenged from below, world power will "discover" in that challenge a "possible aggressor." ». This is one of the challenges (one of the least studied and most "condemned", among the many that it represents)

y en rebeldía del Ejército Zapatista de Liberación Nacional (EZLN) en contra del neoliberalismo y por la humanidad...

Éste es el símbolo del Poder militar norteamericano, el pentágono. La nueva «policía mundial» pretende que los ejército y policías «nacionales» sólo sean el «cuerpo de seguridad» que garantice el «orden y el progreso» en las megápolis neoliberales.

Pieza 6:
La Megapolítica y los enanos.

La figura 6 se construye dibujando un garabato.

Antes dijimos que los Estados Nacionales son atacados por los centros financieros y «obligados» a disolverse dentro de las megápolis. Pero el neoliberalismo no sólo opera su guerra «uniendo» naciones y regiones. Su estrategia de DESTRUCCIÓN / DESPOBLAMIENTO y RECONSTRUCCIÓN / REORDENAMIENTO produce una o varias fracturas en los Estados Nacionales.

launched by the Indigenous people in arms and in rebellion of the Zapatista Army of National Liberation (EZLN) against neoliberalism and for humanity...

This is the symbol of American military power, the pentagon. The new "world police" claims that the "national" army and police are only the "security body" that guarantees "order and progress" in the neoliberal megapolises.

Pieza 6:
Megapolitics and the dwarves.

Figure 6 is constructed by drawing a scribble.

We said before that Nation-States are attacked by financial centers and "forced" to dissolve within megapolises. But neoliberalism does not only operate its war by "uniting" nations and regions. Its strategy of DESTRUCTION / DEPOPULATION and RECONSTRUCTION / REORDERING produces one or several fractures in the Nation-States.

Esta es la paradoja de la IV Guerra Mundial: hecha para eliminar fronteras y «unir» naciones, lo que va dejando tras de sí es una multiplicación de las fronteras y una pulverización de las naciones que perecen en sus garras. Más allá de los pretextos, ideologías o banderas, la actual dinámica MUNDIAL de quiebre de la unidad de los Estados Nacionales responde a una política, igualmente mundial, que sabe que puede ejercer mejor su poder, y crear las condiciones óptimas para su reproducción, sobre las ruinas de los Estados Nacionales.

Si alguien tuviera alguna duda sobre este caracterizar al proceso de globalización como una guerra mundial, debería desecharla al hacer cuentas de los conflictos que provocaron y han sido provocados por los colapsos de algunos Estados Nacionales. Checoslovaquia, Yugoslavia, la URSS, son muestras de la profundidad de estas crisis que dejan hechos añicos no sólo los fundamentos políticos y económicos de los Estados Nacionales, también las estructuras sociales. Slovenia, Croacia y Bosnia, además de la presente guerra dentro de la federación Rusa con Chechenia de escenario, no marcan sólo el destino de la trágica caída del campo socialista en los fatídicos brazos del «mundo libre», en todo el mundo este proceso de fragmentación nacional se repite en escala e intensidad

This is the paradox of World War IV: made to eliminate borders and "unite" nations, what it leaves behind is a multiplication of borders and a pulverization of nations that perish in its clutches. Beyond the pretexts, ideologies or flags, the current GLOBAL dynamic of the breakdown of the unity of Nation-States responds to a policy, equally global, that knows that it can better exercise its power, and create the optimal conditions for its reproduction, above all the ruins of the Nation-States.

If anyone had any doubts about this characterization of the globalization process as a world war, they should discard it when considering the conflicts that caused and have been caused by the collapses of some Nation-States. Czechoslovakia, Yugoslavia, the USSR, are examples of the depth of these crises that leave not only the political and economic foundations of the Nation-States shattered, but also the social structures. Slovenia, Croatia and Bosnia, in addition to the current war within the Russian federation with Chechnya as a stage, not only mark the destiny of the tragic fall of the socialist camp into the fateful arms of the "free world", throughout the world this process of National fragmentation is repeated in varying scale

variables. Hay tendencias separatistas en el Estado Español (País Vasco, Cataluña y Galicia), en Italia (Padua), en Bélgica (Flandes), en Francia (Córcega), en el Reino Unido (Escocia y el País de Gales), y en Canadá (Québec). Y hay más ejemplos en el resto del mundo.

Ya nos referimos al proceso de construcción de las megápolis, ahora hablamos de la fragmentación de países. Ambos procesos se dan sobre la destrucción de los Estados Nacionales. ¿Se trata de dos procesos paralelos, independientes? ¿Dos facetas del proceso de globalización? ¿Son síntomas de una megacrisis aún por estallar? ¿Meros hechos aislados?

Pensamos que se trata de una contradicción inherente al proceso de globalización, una de las esencias del modelo neoliberal. La eliminación de fronteras comerciales, la universalidad de las telecomunicaciones, las superautopistas de la informática, la omnipresencia de los centros financieros, los acuerdos internacionales de unidad económica, en fin, el proceso de globalización en su conjunto produce, al liquidar los Estados Nacionales, una pulverización de los mercados internos. Éstos no desaparecen o se diluyen en los mercados internacionales, sino que consolidan su fragmentación y se multiplican.

and intensity. There are separatist tendencies in
the Spanish State (Basque Country, Catalonia and
Galicia), in Italy (Padua), in Belgium (Flanders), in
France (Corsica), in the United Kingdom (Scotland
and Wales), and in Canada (Quebec). And there are
more examples in the rest of the world.

We already referred to the process of
construction of megapolises, now we talk about the
fragmentation of countries. Both processes occur
about the destruction of Nation-States. Are these
two parallel, independent processes? Two facets of
the globalization process? Are they symptoms of a
megacrisis yet to break out? Mere isolated facts?

We think that this is an inherent contradiction
of the globalization process, one of the essences of
the neoliberal model. The elimination of commercial
borders, the universality of telecommunications,
the superhighways of information technology, the
omnipresence of financial centers, international
agreements of economic unity, in short, the
globalization process as a whole produces, by
liquidating Nation-States, a pulverization of internal
markets. These do not disappear or become diluted
in international markets, but rather consolidate their
fragmentation and multiply.

Sonará contradictorio, pero la globalización produce un mundo fragmentado, lleno de pedazos aislados unos de otros (y no pocas veces enfrentados entre sí). Un mundo lleno de compartimentos estancos, comunicados apenas por frágiles puentes económicos (en todo caso tan constantes como la veleta de viento que es el capital financiero). Un mundo de espejos rotos reflejando la inútil unidad mundial del rompecabezas neoliberal.

Pero el neoliberalismo no sólo fragmenta el mundo que supone unir, también produce el centro político-económico que dirige esta guerra. Y si, como señalamos antes, los centros financieros imponen su ley (la del mercado) a naciones y a grupos de naciones, entonces deberíamos redefinir los límites y alcances de la política, es decir, del quehacer político. Conviene entonces hablar de la megapolítica, en ésta sería donde se decidiría el «orden mundial».

Y cuando decimos «megapolítica» no nos referimos al número de quienes en ella se mueven. Son pocos, muy pocos, los que se encuentran en esta «megaesfera». La megapolítica globaliza las políticas nacionales, es decir, las sujeta a una dirección que tiene intereses mundiales (que por lo regular son contradictorios a los intereses nacionales) y cuya lógica es

It may sound contradictory, but globalization produces a fragmented world, full of pieces isolated from each other (and not infrequently confronted with each other). A world full of watertight compartments, connected only by fragile economic bridges (in any case as constant as the wind vane that is financial capital). A world of broken mirrors reflecting the useless global unity of the neoliberal jigsaw puzzle.

But neoliberalism not only fragments the world it is supposed to unite, it also produces the political-economic center that directs this war. And if, as we pointed out before, financial centers impose their law (that of the market) on nations and groups of nations, then we should redefine the limits and scope of politics, that is, of political activity. It is then convenient to talk about megapolitics, this would be where the "world order" would be decided.

And when we say "megapolitics" we are not referring to the number of those who move in it. There are few, very few, who are in this "megasphere." Megapolitics globalizes national policies, that is, it subjects them to a direction that has global interests (which are usually contradictory to national interests) and whose logic is that of the market, that is, that of

la del mercado, es decir, la de la ganancia económica.

Con este criterio economicista (y criminal) se decide sobre guerras, créditos, compra y venta de mercancías, reconocimientos diplomáticos, bloqueos comerciales, apoyos políticos, leyes de migración, golpes de Estado, represiones, elecciones, unidades políticas internacionales, rupturas políticas intranacionales, inversiones, es decir, la supervivencia de naciones enteras.

El poder mundial de los centros financieros es tan grande, que pueden prescindir de la preocupación por el signo político de quien detente el poder en una nación, si es que se garantiza que el programa económico (es decir, la parte que corresponde al megaprograma económico mundial) no se altere. Las disciplinas financieras se imponen a los distintos colores del espectro político mundial en cuanto se llega al gobierno de una nación.

El gran poder mundial puede tolerar un gobierno de izquierda en cualquier parte del mundo, siempre y cuando ese gobierno no tome medidas que vayan en contra de las disposiciones de los centros financieros mundiales. Pero de ninguna manera tolerará que una alternativa de organización económica, política y social se consolide. Para la

economic profit.

With this economistic (and criminal) criterion, decisions are made about wars, credits, the purchase and sale of merchandise, diplomatic recognitions, trade blockades, political support, migration laws, coups d'état, repressions, elections, international political units, intranational political ruptures, investments, that is, the survival of entire nations.

The global power of the financial centers is so great that they can dispense with concern about the political sign of whoever holds power in a nation, if it is guaranteed that the economic program (that is, the part that corresponds to the economic megaprogram worldwide) does not change. Financial disciplines are imposed on the different colors of the world political spectrum as soon as the government of a nation is reached.

The great world power can tolerate a left-wing government anywhere in the world, as long as that government does not take measures that go against the provisions of the global financial centers. But in no way will it tolerate the consolidation of an alternative economic, political and social organization. For megapolitics, national policies are

megapolítica, las políticas nacionales son hechas por enanos que deben plegarse a los dictados del gigante financiero. Así será, hasta que los enanos se rebelen...

Aquí tiene usted la figura que representa la «megapolítica». Comprenderá usted que es inútil tratar de encontrarle una racionalidad y que, desenredando la madeja, nada quedará claro.

Pieza 7:
Las bolsas de resistencia.

La figura 7 se construye dibujando una bolsa.

«Para empezar, te ruego no confundir la Resistencia con la oposición política. La oposición no se opone al poder sino a un gobierno, y su forma lograda y completa es la de un partido de oposición; mientras que la resistencia, por definición (ahora sí), no puede ser un partido: no está hecha para gobernar a su vez, sino para... resistir.»

Tomás Segovia. «Alegatorio». México, 1996.

made by dwarfs who must bend to the dictates of the financial giant. That's how it will be, until the dwarves rebel...

Here you have the figure that represents "megapolitics." You will understand that it is useless to try to find a rationality for it and that, by unraveling the skein, nothing will be clear.

Piece 7:
The pockets of resistance.

Figure 7 is constructed by drawing a pocket

"To begin with, I beg you not to confuse the Resistance with the political opposition. The opposition does not oppose power but a government, and its achieved and complete form is that of an opposition party; while the resistance, by definition (now yes), cannot be a party: it is not made to govern in turn, but instead to... resist"

Tomás Segovia. "Allegation". México, 1996.

La aparente infalibilidad de la globalización choca
con la terca desobediencia de la realidad. Al mismo
tiempo que el neoliberalismo lleva adelante su guerra
mundial, en todo el planeta se van formando grupos
de inconformes, núcleos de rebeldes. El imperio de las
bolsas financieras enfrenta la rebeldía de las bolsas de
resistencia.

Sí, bolsas. De todos los tamaños, de diferentes
colores, de las formas más variadas. Su única semejanza
es su resistirse al «nuevo orden mundial» y al crimen
contra la humanidad que conlleva la guerra neoliberal.

Al tratar de imponer su modelo económico,
político, social y cultural, el neoliberalismo pretende
subyugar a millones de seres, y deshacerse de todos
aquellos que no tienen lugar en su nuevo reparto
del mundo. Pero resulta que estos «prescindibles»
se rebelan y resisten contra el poder que quiere
eliminarlos. Mujeres, niños, ancianos, jóvenes,
indígenas, ecologistas, homosexuales, lesbianas,
seropositivos, trabajadores y todos aquellos y aquellas
que no sólo «sobran», sino que también «molestan» al
orden y el progreso mundiales, se rebelan, se organizan
y luchan. Sabiéndose iguales y diferentes, los excluidos
de la «modernidad» empiezan a tejer las resistencias en
contra del proceso de destrucción / despoblamiento y

The apparent infallibility of globalization collides with the stubborn disobedience of reality. At the same time that neoliberalism is carrying out its world war, groups of dissatisfied people, nuclei of rebels, are forming all over the planet. The empire of the financial exchanges faces the rebellion of the resistance exchanges.

Yes, pockets. Of all sizes, different colors, the most varied shapes. Their only similarity is their resistance to the "new world order" and the crime against humanity that neoliberal war entails.

By trying to impose its economic, political, social and cultural model, neoliberalism seeks to subjugate millions of beings, and get rid of all those who have no place in its new division of the world. But it turns out that these "expendable" ones rebel and resist against the power that wants to eliminate them. Women, children, the elderly, young people, Indigenous people, environmentalists, homosexuals, lesbians, HIV-positive people, workers and all those who are not only "excessive", but also "bother" the world order and progress, rebel, organize and they fight. Knowing themselves to be equal and different, those excluded from "modernity" begin to weave resistance against the process of destruction/

reconstrucción / reordenamiento que lleva adelante, como guerra mundial, el neoliberalismo.

En México, por poner un ejemplo, el llamado «Programa de desarrollo integral del Istmo de Tehuantepec» pretende construir un moderno centro internacional de distribución y ensamble de mercancías. La zona de desarrollo abarca un complejo industrial en el que se refina la tercera parte del crudo mexicano y se elabora el 88% de los productos petroquímicos. Las vías de tránsito interoceánico consistirán en carreteras, una ruta fluvial aprovechando el tendido natural de la zona (río Coatzacoalcos) y, como eje articulador, la línea del ferrocarril transístmico (a cargo de 5 empresas, 4 de EU y 1 de Canadá). El proyecto sería zona ensambladora bajo el régimen de maquiladoras. Dos millones de pobladores del lugar pasarían a ser estibadores, controladores de paso o maquiladores. (**Ana Esther Ceceña. «El Istmo de Tehuantepec: frontera de la soberanía nacional». «La Jornada del Campo» 28 de mayo 1997.**) También en el sureste mexicano, en la selva Lacandona, se echa a andar el «Programa de Desarrollo Regional Sustentable para la Selva Lacandona». Su objetivo real es poner a disposición del capital las tierras indígenas que, además de ser ricas en dignidad e historia,

depopulation and reconstruction/reordering carried
out, as a world war, by neoliberalism.

In Mexico, to give an example, the so-
called "Isthmus of Tehuantepec Comprehensive
Development Program" aims to build a modern
international distribution and assembly center for
goods. The development zone includes an industrial
complex in which a third of Mexican crude oil is
refined and 88% of petrochemical products are
produced. The interoceanic transit routes will consist
of roads, a river route taking advantage of the natural
flow of the area (Coatzacoalcos River) and, as an
articulating axis, the trans-isthmus railway line (run
by 5 companies, 4 from the US and 1 from Canada).
The project would be an assembly zone under the
maquiladora regime. Two million local residents
would become stevedores, passage controllers or
maquiladores. (**Ana Esther Ceceña. "The Isthmus
of Tehuantepec: border of national sovereignty."
"La Jornada del Campo" May 28, 1997.**) Also in
the Mexican southeast, in the Lacandona jungle, the
"Development Program" is launched. Sustainable
Regional for the Lacandon Jungle. Its real objective is
to make Indigenous lands available to capital, which,
in addition to being rich in dignity and history, are also

también lo son en petróleo y uranio.

El resultado previsible de estos proyectos será, entre otros, la fragmentación de México (separando al sureste del resto del país). Además, y ya que de guerras hablamos, los proyectos tienen implicaciones contrainsurgentes. Forma parte de una pinza para liquidar la rebeldía antineoliberal que explotó en 1994. En medio quedan los indígenas rebeldes del Ejército Zapatista de Liberación Nacional (EZLN).

(Ya en el tema de indígenas rebeldes conviene un paréntesis: los zapatistas piensan que, en México (ojo: en México) la recuperación y defensa de la soberanía nacional es parte de una revolución antineoliberal. Paradójicamente, el EZLN es acusado de pretender la fragmentación de la nación mexicana. La realidad es que los únicos que han hablado de separatismo son los empresarios del estado de Tabasco (rico en petróleo) y los diputados federales chiapanecos que pertenecen al PRI. Los zapatistas piensan que es necesaria la defensa del Estado Nacional frente a la globalización, y que los intentos de partir a México en pedazos vienen del grupo gobernante y no de las justas demandas de autonomía para los

rich in oil and uranium.

The foreseeable result of these projects will be, among others, the fragmentation of Mexico (separating the southeast from the rest of the country). Furthermore, and since we are talking about wars, the projects have counterinsurgency implications. It is part of a clamp to liquidate the anti-neoliberal rebellion that exploded in 1994. In the middle are the Indigenous rebels of the Zapatista National Liberation Army (EZLN).

(Already on the issue of Indigenous rebels, a parenthesis is in order: the Zapatistas think that, in Mexico (note: in Mexico) the recovery and defense of national sovereignty is part of an anti-neoliberal revolution. Paradoxically, the EZLN is accused of seeking fragmentation of the Mexican nation. The reality is that the only ones who have spoken of separatism are the businessmen of the state of Tabasco (rich in oil) and the Chiapas federal deputies who belong to the PRI. The Zapatistas think that it is necessary to defend the National State against to globalization, and that the attempts to break Mexico into pieces come from the ruling group and not from the just demands for autonomy for the Indian peoples. The EZLN, and the best of

*pueblos indios. El EZLN, y lo mejor del movimiento
indígena nacional, no quieren que los pueblos
indios se separen de México, sino ser reconocidos
como parte del país con sus especificidades. No sólo
eso, quieren un México con democracia, libertad
y justicia. Las paradojas siguen, porque mientras
el EZLN lucha por la defensa de la soberanía
nacional, el Ejército Federal Mexicano lucha
contra esa defensa y defiende a un gobierno que ha
destruido ya las bases materiales de la soberanía
nacional y ha entregado el país, no sólo al gran
capital extranjero, también al narcotráfico).*

Pero no sólo en las montañas del sureste
mexicano se resiste y se lucha contra el neoliberalismo.
En otras partes de México, en la América Latina, en los
Estados Unidos y el Canadá, en la Europa del Tratado
de Masstrich, en el África, en el Asia, y en Oceanía, las
bolsas de resistencia se multiplican. Cada una de ellas
tiene su propia historia, sus diferencias, sus igualdades,
sus demandas, sus luchas, sus logros. Si la humanidad
tiene todavía esperanzas de supervivencia, de ser
mejor, esas esperanzas están en las bolsas que forman
los excluidos, los sobrantes, los desechables.

**Éste es un modelo de bolsa de resistencia, pero no
haga mucho caso de él. Hay tantos modelos como**

*the national Indigenous movement, do not want
the Indian peoples to separate of Mexico, but to be
recognized as part of the country with its specificities.
Not only that, they want a Mexico with democracy,
freedom and justice. The paradoxes continue,
because while the EZLN fights for the defense of
national sovereignty, the Mexican Federal Army
fights against that defense and defends a government
that has already destroyed the material bases of
national sovereignty and has handed over the
country, not only to large foreign capital, but also to
drug trafficking).*

But it is not only in the mountains of
southeastern Mexico that neoliberalism is resisted
and fought. In other parts of Mexico, in Latin
America, in the United States and Canada, in the
Europe of the Treaty of Masstrich, in Africa, in Asia,
and in Oceania, pockets of resistance are multiplying.
Each of them has its own history, its differences, its
equalities, its demands, its struggles, its achievements.
If humanity still has hope of survival, of being
better, those hopes are in the pockets made up of the
excluded, the leftovers, the disposable.

*This is a resistance pocket model, but don't pay
too much attention to it. There are as many*

resistencias y como mundos hay en el mundo. Así que dibuje el modelo que más le guste. En esto de las bolsas, como en las resistencias, la diversidad es riqueza.

Hay, a no dudarlo, más piezas del rompecabezas neoliberal. Por ejemplo: los medios de comunicación, la cultura, la polución, las pandemias. Aquí sólo hemos querido mostrarle el trazo de 7 de ellas.

Estas 7 bastan para que usted, después de dibujarlas, colorearlas y recortarlas, se dé cuenta que es imposible armarlas juntas. Y éste es el problema del mundo que la globalización ha pretendido rearmar: las piezas no encajan.

Por esto, y por otras razones que no vienen al espacio de este texto, es necesario hacer un mundo nuevo. Un mundo donde quepan muchos mundos, donde quepan todos los mundos...

Desde las montañas del Sureste Mexicano.

Subcomandante Insurgente Marcos

Ejército Zapatista de Liberación Nacional. México, Junio de 1997.

models as there are resistances and as many worlds in the world. So draw the model you like best. In this matter of stock markets, as in resistance, diversity is wealth.

There are, without a doubt, more pieces of the neoliberal jigsaw puzzle. For example: the media, culture, pollution, pandemics. Here we only wanted to show you the outline of 7 of them.

These 7 are enough for you, after drawing, coloring and cutting them out, to realize that it is impossible to put them together. And this is the problem of the world that globalization has sought to remake: the pieces do not fit together.

For this, and for other reasons that do not come within the scope of this text, it is necessary to make a new world. A world where many worlds fit, where all worlds fit...

From the mountains of the Mexican southeast.

Subcomandante Insurgente Marcos

Zapatista Army of National Liberation. Mexico, June 1997.

P.D. QUE CUENTA SUEÑOS QUE EL AMOR ANIDA.- Reposa la mar a mi lado. Comparte desde hace tiempo angustias, incertidumbres y no pocos sueños, pero ahora duerme conmigo la caliente noche de la selva. Yo miro su trigo agitado en el sueño y me maravillo de nuevo al encontrarla a ella como es ley: tibia, fresca y a mi lado. La asfixia me saca del lecho y toma mi mano y la pluma para traer al Viejo Antonio hoy, como hace años...

He pedido al Viejo Antonio que me acompañe en una exploración río abajo. No llevamos más que un poco de pozol para comer. Durante horas seguimos el caprichoso cauce y el hambre y el calor aprietan. Toda la tarde la pasamos tras una piara de jabalíes. Casi anochece cuando le damos alcance, pero un enorme censo (puerco de monte) se desprende del grupo y nos ataca. Yo saco a relucir todos mis conocimientos militares, dejo tirada mi arma y me trepo al árbol más cercano. El Viejo Antonio queda inerme ante el ataque, pero en lugar de correr, se pone tras una maraña de bejucos. El gigantesco jabalí arremete de frente y con toda su fuerza, pero queda atrapado entre las lianas y las espinas. Antes de que pueda

P.S. THAT TELLS DREAMS THAT LOVE
NESTS.- The sea rests at my side. She has shared
anguish, uncertainties and many dreams for a long
time, but now she sleeps with me the hot night of
the jungle. I look at her agitated wheat in her dream
and I marvel again at finding her as is the law: warm,
fresh and at my side. Asphyxiation takes me out of
bed and takes my hand and the pen to bring Old
Antonio today, like years ago...

*I have asked Old Antonio to accompany
me on an exploration down the river. We only
brought a little pozol to eat. For hours we follow the
capricious course and hunger and heat are pressing.
We spent the entire afternoon chasing a herd of
wild boars. It's almost dark when we catch up
with it, but a huge census (mountain pig) breaks
away from the group and attacks us. I bring out
all my military knowledge, leave my weapon lying
around and climb the nearest tree. Old Antonio
is left defenseless before the attack, but instead
of running, he runs behind a tangle of vines. The
gigantic wild boar attacks head-on and with all
its strength, but is trapped between the vines and
thorns. Before he can escape, Old Antonio picks*

librarse, el Viejo Antonio levanta su vieja chimba y, de un tiro en la cabeza, resuelve la cena de ese día.

Ya en la madrugada, cuando he terminado de limpiar mi moderno fusil automático (un M-16, calibre 5.56 mm, con selector de cadencia y alcance efectivo de 460 metros, además de mira telescópica, bipie y cargador de «drum» con 90 tiros), escribo en mi diario de campaña y, omitiendo todo lo sucedido, sólo anoto: «Topamos puerco y A. mató una pieza. Altura 350 msnm. No llovió».

Mientras esperamos que se cueza la carne, le cuento al Viejo Antonio que la parte que me toca servirá para las fiestas que se preparan en el campamento. «¿Fiestas?», me pregunta mientras atiza el fuego. «Sí», le digo, «No importa el mes, siempre hay algo que celebrar.». Después sigo con lo que yo supuse era una brillante disertación sobre el calendario histórico y las celebraciones zapatistas. En silencio escucha el Viejo Antonio y, suponiendo que no le interesa, me acomodo para dormir.

Entre sueños miró al Viejo Antonio tomar mi cuaderno y escribir algo. En la mañana, repartimos la carne después del desayuno y cada uno toma su camino. Ya en nuestro campamento, reporto al mando y le muestro la bitácora para

up his old chimba and, with a shot to the head, resolves that day's dinner.

Already in the early morning, after cleaning my modern automatic rifle (an M-16, caliber 5.56 mm, with cadence selector and effective range of 460 meters, as well as telescopic sight, bipod and "drum" magazine with 90 shots), I write in my campaign diary and, omitting everything that happened, I only note: "We found pork and A. killed a piece. Height 350 meters above sea level. It did not rain."

While we wait for the meat to cook, I tell Old Antonio that my share will be used for the festivals being prepared in the camp. "Parties?" he asks me as he stokes the fire. "Yes," I say, "No matter the month, there is always something to celebrate." Then I continue with what I assumed was a brilliant dissertation on the historical calendar and Zapatista celebrations. Old Antonio listens in silence and, assuming that he is not interested, I settle down to sleep.

In my dreams I watched Old Antonio take my notebook and write something. In the morning, we distribute the meat after breakfast and everyone goes their own way. Once in our camp, I report to command and show him the log so he knows what

que sepa lo ocurrido. «Esta no es tu letra», me dice mientras me muestra la hoja del cuaderno. Ahí, al final de lo que yo anoté ese día, el Viejo Antonio había escrito con letras grandes:

«Si no puedes tener la razón y la fuerza, escoge siempre la razón y deja que el enemigo tenga la fuerza. En muchos combates puede la fuerza obtener la victoria, pero en la lucha toda sólo la razón vence. El poderoso nunca podrá sacar razón de su fuerza, pero nosotros siempre podremos obtener fuerza de la razón».

Y más abajo, con letra muy pequeña: «Felices fiestas».

Ni para qué decirlo, se me quitó el hambre. Las fiestas, como siempre, estuvieron bien alegres. «La del moño colorado» estaba todavía, felizmente, muy lejos del «hit parade» de los zapatistas...

*happened. "This is not your handwriting," he tells
me as he shows me the notebook page. There, at the
end of what I wrote down that day, Old Antonio
had written in large letters:*

*"If you cannot have reason and strength,
always choose reason and let the enemy have
strength. In many combats force can obtain
victory, but in the entire fight only reason wins.
The powerful will never be able to draw reason
from his strength, but we can always draw
strength from reason."*

*And below, in very small print: "Happy
Holidays."*

*Needless to say, my hunger went away. The
holidays, as always, were very happy. "The one
with the red bow" was still, happily, very far from
the "hit parade" of the Zapatistas...*

20 DE NOVIEMBRE DEL 1999

LA PREGUNTA:

¿CUÁLES SON LAS CARACTERÍSTICAS FUNDAMENTALES DE LA IV GUERRA MUNDIAL?

The question:

What are the
fundamental characteristics
of World War IV?

(En esta ocasión, hemos destinado la sección de la pregunta a un texto que pensamos da respuesta a muchas de las interrogantes que hoy están planteadas ante la situación de guerra)

Hace algunos meses, La Jornada publicó, bajo el título de «La Cuarta Guerra Mundial» un fragmento de la plática impartida por el subcomandante Marcos ante la Comisión Civil Internacional de Observación de los Derechos Humanos en La Realidad, Chiapas, el 20 de noviembre de 1999, de la cual se publicó su bosquejo en las cartas 5.1 y 5.2, en noviembre del mismo año con el título: «Chiapas: la guerra: I. Entre el satélite y el microscopio, la mirada del otro», y «II. La máquina del etnocidio». El siguiente es el texto completo de dicha plática.

Chiapas: la guerra
Subcomandante Insurgente Marcos

Originalmente, esta plática estaba concebida como una carta, previendo que no fuera posible un encuentro personal. Así que queda como una carta leída en voz alta y frente al destinatario, o más bien

*(On this occasion, we have allocated the question
section to a text that we believe answers many of
the questions that are raised today in the face of the
situation of war)*

*A few months ago, La Jornada published,
under the title "The Fourth World War," a
fragment of the talk given by Subcomandante
Marcos before the International Civil Commission
for the Observation of Human Rights in La
Realidad, Chiapas, on November 20, 1999, of
which its outline was published in letters 5.1 and
5.2, in November of the same year with the title:
"Chiapas: the war: I. Between the satellite and
the microscope, the gaze of the other", and "II. The
ethnocide machine." The following is the full text of
said talk.*

Chiapas: the war
Subcomandante Insurgente Marcos

Originally, this talk was conceived as a letter,
anticipating that a personal meeting was not
possible. So it remains like a letter read aloud and
in front of the recipient, or rather in front of one of

frente a uno de los destinatarios, porque va dirigida
a la sociedad civil nacional e internacional. Escogí
la fecha del aniversario de la Revolución Mexicana,
además que por travesura, por razón de traer hasta
acá dos imágenes de este siglo: una es el rostro de
Emiliano Zapata; la otra es una niña indígena, con la
cara parcialmente oculta por un paliacate rojo. Más
adelante volveré a hablar de estas dos imágenes.

Tengo en mis manos un calendario que se hizo
en el Estado español. Para el mes de noviembre tiene
precisamente las dos imágenes: la imagen de Zapata
y la imagen de la niña. A pesar de que el gobierno
mexicano hace lo imposible por negar algo tan
evidente, para nosotros no se trata tanto de demostrar
que en las tierras indias del sureste mexicano hay una
guerra, sino de entender el porqué de la continuación
de esta guerra. Esta guerra, que inició el primero
de enero de 1994, debió haber terminado cuando
se firmaron los primeros Acuerdos de San Andrés
y el proceso de diálogo aparecía ya definitivamente
encarrilado hacia la paz. Que la guerra continúe, pese
a que pudo haber terminado de una forma digna y
ejemplar, tiene sus razones.

the recipients, because it is addressed to national and international civil society. I chose the date of the anniversary of the Mexican Revolution, also out of mischief, for the reason of bringing here two images from this century: one is the face of Emiliano Zapata; the other is an Indigenous girl, her face partially hidden by a red bandana. Later I will talk about these two images again.

I have in my hands a calendar that was made in the Spanish State. For the month of November it has exactly the following two images: the image of Zapata and the image of the girl. Although the Mexican government does everything possible to deny something so obvious, for us it is not so much about proving that there is a war in the Indian lands of the Mexican southeast, but rather about understanding the reason for the continuation of this war. This war, which began on January 1, 1994, should have ended when the first San Andrés Accords were signed and the dialogue process seemed definitively on track towards peace. That the war continues, even though it could have ended in a dignified and exemplary way, has its reasons.

Entre el satélite y el microscopio
La reestructuración de la guerra

Según nuestra concepción, hay varias constantes en las llamadas guerras mundiales, sea la Primera Guerra Mundial, la Segunda o las que nosotros llamamos la Tercera y la Cuarta.

Una de estas constantes es la conquista de territorios y su reorganización. Si consultan un mapamundi, van a ver que al término de cualquier guerra mundial hubo cambios, no sólo en la conquista de territorios sino en las formas de organización. Después de la Primera Guerra Mundial hay un nuevo mapamundi, después de la Segunda Guerra Mundial hay otro mapamundi.

Al término de lo que nosotros nos atrevemos a llamar la «Tercera Guerra Mundial» y que otros llaman «Guerra Fría», hubo una conquista de territorios y una reorganización. A grandes rasgos, la III guerra mundial se puede ubicar a finales de los años ochenta con el derrumbe del campo socialista de la Unión Soviética y al principio de los años noventa. A partir de entonces se vislumbra lo que llamamos la Cuarta Guerra Mundial.

Otra constante en las guerras mundiales es la destrucción del enemigo. Es el caso del nazismo en la Segunda Guerra Mundial y, en la Tercera, de todo lo que

Between the satellite and the microscope
The restructuring of war

According to our conception, there are several constants in the so-called world wars, be it the First World War, the Second, or what we call the Third and the Fourth.

One of these constants is the conquest of territories and their reorganization. If you consult a world map, you will see that at the end of any world war there were changes, not only in the conquest of territories but in the forms of organization. After the First World War there is a new world map, after the Second World War there is another world map.

At the end of what we dare to call the "Third World War" and what others call the "Cold War," there was a conquest of territories and a reorganization. Broadly speaking, World War III can be located at the end of the 1980s with the collapse of the socialist camp of the Soviet Union and at the beginning of the 1990s. Since then, what's come into view is what we call the Fourth World War.

Another constant in world wars is the destruction of the enemy. This is the case of Nazism in the Second World War and, in the Third, of

se conocía como URSS y el campo socialista como una opción frente al mundo capitalista.

La tercera constante es la administración de la conquista. En el momento en que se logra la conquista de territorios, es necesario administrarlos de manera que aporten ganancias a la fuerza que ganó. Nosotros usamos mucho el término «conquista» porque somos expertos en esto, los Estados que antes se llamaban nacionales siempre han intentado conquistar a los pueblos indios.

A pesar de estas constantes, hay una serie de variables que cambian de una guerra mundial a otra: la estrategia, los actores (o sea las partes contendientes), el armamento utilizado y, por último, las tácticas. Aunque éstas vayan cambiando, las constantes se manifiestan y se pueden aplicar para entender una guerra y otra.

La Tercera Guerra Mundial o Guerra Fría, abarca de 1946 (o, si se quiere, desde la bomba de Hiroshima, en 1945) hasta 1985-1990. Es una gran guerra mundial compuesta de muchas guerras locales. Como en todas las otras, al final hay una conquista de territorios que destruye a un enemigo. Acto seguido, se pasa a la administración de la conquista y se reorganizan los territorios. En esta guerra mundial estaban como actores o contendientes: uno, las dos superpotencias, Estados Unidos y la Unión Soviética con los relativos

everything that was known as the U.S.S.R. and the socialist camp as an option against the capitalist world.

The third constant is the administration of the conquest. At the moment when the conquest of territories is achieved, it is necessary to manage them in a way that brings profits to the force that won. We use the term "conquest" a lot because we are experts in this, the States that were previously called national have always tried to conquer the Indian peoples.

Despite these constants, there are a series of variables that change from one world war to another: the strategy, the actors (that is, the contending parties), the weapons used and, finally, the tactics. Although these change, the constants are manifested and can be applied to understand one war or another.

The Third World War, or Cold War, spans from 1946 (or, if you want, from the Hiroshima bomb in 1945) to 1985–1990. It is a great world war made up of many local wars. As in all the others, at the end there is a conquest of territories that destroys an enemy. Immediately afterwards, we move on to the administration of the conquest, and the territories are reorganized. In this world war there were as actors or contenders: one, the two superpowers, the United States and the Soviet Union with their relative

satélites; dos, la mayoría de los países europeos; tres, América Latina, África, partes de Asia y Oceanía. Los países periféricos giraban en torno a EU o a la URSS, según les convenía. Después de las superpotencias y de los periféricos estaban los espectadores y las víctimas, o sea el resto del mundo. No siempre las dos superpotencias se peleaban de frente. A menudo lo hacían por medio de otros países. Mientras las grandes naciones industrializadas se sumaban a uno de los dos bloques, el resto de los países y de la población aparecían como espectadores o como víctimas. Lo que caracterizaba esta guerra era: uno, la carrera armamentista y dos, las guerras locales. Con la guerra nuclear, las dos superpotencias competían para ver cuántas veces podían destruir el mundo. La forma de convencer al enemigo era presentarle una fuerza muy grande. Al mismo tiempo, en todas partes se desarrollaban guerras locales en las que estaban metidas las dos superpotencias.

El resultado fue, como todos sabemos, la derrota y la destrucción de la URSS, y la victoria de EU, alrededor del cual se aglutinan hoy la gran mayoría de los países. Es cuando sobreviene lo que llamamos «Cuarta Guerra Mundial».

Aquí surge un problema. El producto de la anterior guerra debía ser un mundo unipolar -una sola nación que domina a un mundo donde no hay rivales- pero resulta

satellites; two, most European countries; three, Latin America, Africa, parts of Asia and Oceania. The peripheral countries revolved around the U.S. or the U.S.S.R., as it suited them. After the superpowers and the peripherals there were the spectators and the victims, that is, the rest of the world. The two superpowers did not always fight head-on. They often did it through other countries. While the large industrialized nations joined one of the two blocs, the rest of the countries and the population appeared as spectators or victims. What characterized this war was: one) the arms race; and two) local wars. With nuclear war, the two superpowers competed to see how many times they could destroy the world. The way to convince the enemy was to present him with a very large force. At the same time, local wars were taking place everywhere in which the two superpowers were involved.

The result was, as we all know, the defeat and destruction of the U.S.S.R., and the victory of the United States, around which the vast majority of countries are united today. This is when what we call the "Fourth World War" strikes.

Here a problem arises. The product of the previous war was to be a unipolar world—a single nation that dominates a world where there are no

que, para hacerse efectivo, este mundo unipolar tiene
que llegar a lo que se conoce como «globalización».
Hay que concebir al mundo como un gran territorio
conquistado con un enemigo destruido. Es necesario
administrar este nuevo mundo y por lo tanto globalizarlo.
Entonces se acude a la informática que, en el desarrollo
de la humanidad, es tan importante como la invención
de la máquina de vapor. La informática permite estar
simultáneamente en cualquier lado; ya no hay más
fronteras, limitaciones temporales o geográficas. Es gracias
a la informática que empieza el proceso de globalización.
Se erosionan las separaciones, las diferencias, los Estados
nacionales y el mundo se convierte en lo que también se
llama, con verosimilitud, la aldea global. Todo el mundo
como una aldea con muchas casitas.

La concepción teórica que da fundamento
a la globalización es lo que nosotros llamamos
«neoliberalismo», una nueva religión que va a permitir
que el proceso se lleve a cabo. Con esta Cuarta Guerra
Mundial, otra vez, se conquistan territorios, se destruyen
enemigos y se administra la conquista de estos territorios.

El problema es qué territorios se conquistan
y reorganizan y quién es el enemigo. Puesto que el
enemigo anterior ha desaparecido, nosotros decimos que
ahora el enemigo es la humanidad. La Cuarta Guerra

rivals—but it turns out that, to become effective, this unipolar world has to reach what is known as "globalization." We must conceive of the world as a great territory conquered with an enemy destroyed. It is necessary to manage this new world and therefore globalize it. Then we turn to computing, which, in the development of humanity, is as important as the invention of the steam engine. Computing allows us to be anywhere simultaneously; there are no more borders, temporal or geographical limitations. It is thanks to information technology that the globalization process begins. Separations, differences, Nation-States are eroded and the world becomes what is also called, plausibly, the global village. The whole world like a village with many little houses.

The theoretical conception that underlies globalization is what we call "neoliberalism," a new religion that will allow the process to take place. With this Fourth World War, once again, territories are conquered, enemies are destroyed and the conquest of these territories is administered.

The problem is what territories are conquered and reorganized and who is the enemy. Since the previous enemy has disappeared, we say that now the enemy is humanity. The Fourth World War is

Mundial está destruyendo a la humanidad en la medida
en que la globalización es una universalización del
mercado, y todo lo humano que se oponga a la lógica del
mercado es un enemigo y debe ser destruido. En este
sentido todos somos el enemigo a vencer: indígenas,
no indígenas, observadores de los derechos humanos,
maestros, intelectuales, artistas. Cualquiera que se crea
libre y no lo está.

Esta Cuarta Guerra Mundial usa lo que nosotros
llamamos «destrucción». Se destruyen los territorios y
se despueblan. A la hora que se hace la guerra, se tiene
que destruir el territorio, convertirlo en desierto. No
por afán destructivo, sino para reconstruir y reordenar.
¿Cuáles son los principales problemas que enfrenta
este mundo unipolar para globalizarse? Los Estados
nacionales, las resistencias, las culturas, las formas
de relación de cada nación, lo que las hace diferentes.
¿Cómo es posible que la aldea sea global y que todo
el mundo sea igual si hay tantas diferencias? Cuando
decimos que es necesario destruir los Estados nacionales
y desertificarlos no quiere decir acabar con la gente,
sino con las formas de ser de la gente. Después de
destruir hay que reconstruir. Reconstruir los territorios
y darles otro lugar. El lugar que determinen las leyes del
mercado; he aquí lo que está marcando la globalización.

destroying humanity to the extent that globalization is a universalization of the market, and everything human that opposes the logic of the market is an enemy and must be destroyed. In this sense, we are all the enemy to defeat: Indigenous people, non-Indigenous people, human rights observers, teachers, intellectuals, artists. Anyone who thinks they are free and is not.

This Fourth World War uses what we call "destruction." Territories are destroyed and depopulated. When war is waged, the territory has to be destroyed, turned into a desert, not out of destructive desire but to rebuild and reorder. What are the main problems that this unipolar world faces in globalizing? The Nation-States, the resistances, the cultures, the forms of relationship of each nation, what makes them different. How is it possible for the village to be global and for everyone to be equal if there are so many differences? When we say that it is necessary to destroy Nation-States and desertify them, it does not mean ending people, but ending people's ways of being. After destroying you have to rebuild. Rebuild the territories and give them another place, the place determined by the laws of the market. This is what globalization is marking.

El primer obstáculo son los Estados nacionales: hay que atacarlos y destruirlos. Hay que destruir todo lo que hace que un Estado sea «nacional»: la lengua, la cultura, la economía, su quehacer político y su tejido social. Si no sirven más las lenguas nacionales, hay que destruirlas y hay que promover una nueva lengua. Contra lo que se pueda pensar, ésta no es el inglés, sino la informática. Hay que homologar todas las lenguas, traducirlas al idioma informático, incluso el inglés. Todos los aspectos culturales que hacen que un francés sea francés, un italiano sea italiano, un danés, danés, un mexicano, mexicano, deben ser destruidos porque son barreras que impiden acceder al mercado globalizado.

Ya no es cuestión de hacer un mercado para los franceses y otro para los ingleses o los italianos. Debe haber un solo mercado en donde una misma persona pueda consumir un mismo producto en cualquier parte del mundo y en donde una misma persona se comporte como un ciudadano del mundo y no ya como un ciudadano de un Estado nacional.

Eso significa que la historia cultural, la historia de la tradición choca con este proceso y es un enemigo de la Cuarta Guerra Mundial. Esto es particularmente grave en Europa donde hay

The first obstacle is Nation-States: they must be attacked and destroyed. Everything that makes a State "national" must be destroyed: the language, the culture, the economy, its political activities, and its social fabric. If national languages are no longer useful, they must be destroyed and a new language must be promoted. Contrary to what one may think, this is not English, but computer science. All languages must be homologated, translated into computer language, including English. All the cultural aspects that make a Frenchman French, an Italian Italian, a Dane Danish, a Mexican Mexican, must be destroyed because they are barriers that prevent access to the globalized market.

It is no longer a question of making one market for the French and another for the English or Italians. There must be a single market where the same person can consume the same product anywhere in the world and where the same person behaves as a citizen of the world and no longer as a citizen of a Nation-State.

That means that cultural history, the history of tradition, collides with this process and is an enemy of the Fourth World War. This is particularly serious in Europe where there are nations with

naciones con grandes tradiciones. Las lógicas culturales francesas, italianas, inglesas, alemanas, del Estado español, etcétera -todo lo que no pueda ser traducido en términos informáticos y de mercado- son un impedimento para esta globalización.

Ahora las mercancías van a circular por los canales de la informática y todo lo demás debe ser destruido o hecho a un lado. Los Estados nacionales tenían su propia estructura económica y lo que se llamó «burguesía nacional» -capitalistas con sedes nacionales y con ganancias nacionales. Esto ya no puede existir: si la economía se decide a nivel global, las políticas económicas de los Estados nacionales que querían proteger a los capitales nacionales son un enemigo al que hay que vencer. El Tratado de Libre Comercio y la unificación de la moneda en la Unión Europea, el Euro, son síntomas de que la economía se globaliza, aunque en principio se trate de una globalización regional, como en el caso de Europa. Los Estados nacionales construyen sus relaciones políticas, pero ahora las relaciones políticas no sirven más. No las califico de buenas o malas; el problema es que estas relaciones políticas son un impedimento para que se cumplan las leyes del mercado. La clase política nacional es vieja, ya no sirve, tiene que ser cambiada. Traten de

great traditions. The cultural logics of France, Italy, England, Germany, the Spanish State, etc.— everything that cannot be translated into computer and market terms—are an impediment to this globalization.

Now the goods will circulate through computer channels and everything else must be destroyed or put aside. Nation-States had their own economic structure and what was called "national bourgeoisie" —capitalists with national headquarters and national profits. This can no longer exist: if the economy is decided at a global level, the economic policies of Nation-States that wanted to protect national capital are an enemy that must be defeated. The Free Trade Agreement and the unification of the currency in the European Union, the Euro, are symptoms that the economy is globalizing, although in principle it is a regional globalization, as in the case of Europe. Nation-States build their political relations, but now political relations are no longer useful. I don't classify them as good or bad; the problem is that these political relationships are an impediment to compliance with the laws of the market. The national political class is old, it no longer works, it has to be changed. Try to remember; try

hacer memoria; intenten recordar aunque sea el nombre de un solo hombre de Estado en Europa. Sencillamente, no pueden. Los personajes más importantes de la Europa del Euro son gente como el presidente de la Bundes Bank, un banquero. Lo que él dice es lo que va a regir las políticas de los distintos presidentes o primeros ministros que padecen los países de Europa.

Si el tejido social está roto, las antiguas relaciones de solidaridad que hacían posible la convivencia en un Estado nacional también se rompen. De ahí que se alienten las campañas contra los homosexuales y las lesbianas, contra los migrantes, o las campañas de xenofobia. Todo lo que antes mantenía un cierto equilibrio tiende a romperse a la hora que esta guerra mundial ataca al Estado nacional y lo transforma en otra cosa.

Se trata de homogeneizar, de volver a todos iguales y de hegemonizar una propuesta de vida. Es la vida global. Su mayor diversión debe ser la informática, su trabajo debe ser la informática, su valor como ser humano debe ser el número de tarjetas de crédito, su capacidad de compra, su capacidad productiva.

El caso de los académicos es muy claro. Ya no vale quién tiene más conocimiento o quién es más sabio; ahora vale quién produce más investigaciones y en este sentido se deciden sus sueldos, sus prestaciones, su lugar

to remember even the name of a single statesman in Europe. You simply can't. The most important people in Europe of the Euro are people like the president of the Bundesbank, a banker. What he says is what will govern the policies of the different presidents or prime ministers that the countries of Europe suffer from.

If the social fabric is broken, the old relations of solidarity that made coexistence possible in a Nation-State are also broken. Hence, campaigns against homosexuals and lesbians, against migrants, or xenophobia campaigns are encouraged. Everything that previously maintained a certain balance tends to break down when this world war attacks the Nation-State and transforms it into something else.

It is about homogenizing, making everyone equal and hegemonizing a life proposal. It is global life. Your greatest fun should be computing, your work should be computing, your value as a human being should be the number of credit cards, your purchasing capacity, your productive capacity.

The case of academics is very clear. It is no longer worth who has more knowledge or who is wiser; now it matters who produces the most research and in this sense their salaries, their benefits,

en la universidad. Esto tiene mucho que ver con el modelo estadounidense.

Sin embargo sucede que esta Cuarta Guerra Mundial también produce un efecto contrario que llamamos «fragmentación». De manera paradójica el mundo no se está haciendo uno sino que se está partiendo en muchos pedazos. Aunque se supone que el ciudadano se está haciendo igual, emergen los diferentes en tanto que diferentes: los homosexuales y lesbianas, los jóvenes, los migrantes.

Los Estados nacionales funcionan como parte de un gran Estado, el Estado-tierra-sociedad anónima que nos parte en muchos pedazos.

Si observan un mapamundi de este periodo -el final de la Tercera Guerra Mundial- y analizan los últimos ocho años, ha habido una recomposición, sobre todo en Europa, pero no sólo. Donde antes había una nación ahora hay muchas naciones, el mapamundi se ha fragmentado. Este es el efecto paradójico que está ocurriendo a causa de esta Cuarta Guerra Mundial. En lugar de que se globalice, el mundo se fragmenta y en lugar de que este mecanismo hegemonice y homogenice, van apareciendo cada vez más los diferentes. La globalización y el neoliberalismo están haciendo del

their place in the university are decided. This has a lot to do with the U.S. model.

However, it happens that this Fourth World War also produces an opposite effect that we call "fragmentation." In a paradoxical manner, the world is not becoming one but is instead breaking into many pieces. Although it is assumed that the citizen is becoming equal, those who are different emerge as different: the gays and lesbians, the young people, the migrants.

Nation-States function as part of a great State, the State-land-corporation that breaks us into many pieces.

If you look at a world map from this period—the end of the Third World War—and analyze the last eight years, there has been a recomposition, especially in Europe, but not only. Where once there was one nation there are now many nations, the world map has fragmented. This is the paradoxical effect that is occurring because of this Fourth World War. Instead of globalization, the world is fragmented and instead of this mechanism hegemonizing and homogenizing, more and more different ones appear. Globalization and neoliberalism are turning the world into

mundo un archipiélago. Y hay que darle una lógica
de mercado, organizar estos fragmentos en un común
denominador. Es lo que nosotros llamamos «bomba
financiera».

Al mismo tiempo que aparecen los diferentes,
se multiplican las diferencias. Cada joven tiene su
grupo, su forma de pensar, por ejemplo los punks, los
skin heads; todos los que hay en cada país. Ahora los
diferentes no sólo son diferentes, sino que multiplican
sus diferencias y buscan una identidad propia.
Evidentemente, la Cuarta Guerra Mundial no les
ofrece un espejo que les permita verse con un común
denominador, sino que les está ofreciendo un espejo
roto. Cada quien escoge el pedacito que le toca y, con
éste, su conducta de vida. Mientras tenga el control
del archipiélago -sobre los seres humanos, no sobre los
territorios- el poder no se va a apenar mucho.

El mundo se está partiendo en muchos pedazos,
grandes y pequeños. Ya no hay continentes en el sentido
de que yo sea europeo, africano o americano. Lo que
ofrece la globalización del neoliberalismo es una red
construida por el capital financiero o, si se quiere, el
poder financiero. Si hay una crisis en este nudo, el
resto de la red va a amortiguar los efectos. Pero si hay
bonanza en un país, no se produce un efecto de bonanza

an archipelago. And we must give it a market
logic, organize these fragments into a common
denominator. "Financial bomb" is what we call it.

At the same time that differences appear,
differences multiply. Each young person has their
own group, their way of thinking, for example the
punks, the skinheads, all those in each country. Now
the different ones are not only different, but they
multiply their differences and seek their own identity.
Evidently, the Fourth World War does not offer them
a mirror that allows them to see themselves with a
common denominator, but rather it is offering them
a broken mirror. Each person chooses the little piece
that they get and, with it, their conduct of life. As
long as it has control of the archipelago—over human
beings, not over territories—the power will not worry
too much.

The world is breaking into many pieces, big
and small. There are no longer continents in the sense
of me being European, African, or American. What
the globalization of neoliberalism offers is a network
built by financial capital or, if you will, financial
power. If there is a crisis at this node, the rest of the
network will cushion the effects. But if there is a
boom in one country, there is no boom effect in the

en el resto de los países.

Es entonces una red que no funciona, lo que nos dijeron fue una mentira, una mentira del tamaño del mundo, es un discurso reiterado en los líderes de América Latina, ya sea Ménem, Fujimori, Zedillo u otros dirigentes de comprobada calidad moral.

En la realidad ocurre que la red ha hecho mucho más vulnerables a los Estados nacionales. Los está acabando de destruir, ahora por efectos internos. De nada sirve que un país se esfuerce por construirse un equilibrio y un destino propio en cuanto nación. Todo depende de lo que pase en un banco de Japón o lo que está haciendo la mafia en Rusia o un especulador en Sydney. De una u otra forma, los Estados nacionales no son salvados, son condenados definitivamente. Cuando un Estado nacional acepta integrarse a esta red -porque no hay más remedio, porque lo obligan o por convicción- firma su acta de defunción.

En suma, lo que quiere hacer este gran mercado es convertir todas estas islas no en naciones, sino en centros comerciales. Se puede pasar de un país a otro y encontrar los mismos productos, ya no hay ninguna diferencia. En París o en San Cristóbal de Las Casas se puede consumir lo mismo; si uno está en San Cristóbal de Las Casas puede estar simultáneamente

rest of the countries.

It is then a network that does not work, what they told us was a lie, a lie the size of the world, it is a discourse reiterated by the leaders of Latin America, be it Ménem, Fujimori, Zedillo, or other leaders of proven moral quality.

In reality, the internet has made Nation-States much more vulnerable. It is just destroying them, now due to internal effects. It is of no use for a country to strive to build a balance and its own destiny as a nation. It all depends on what happens in a bank in Japan or what the mafia is doing in Russia or a speculator in Sydney. In one way or another, Nation-States are not saved, they are definitively condemned. When a Nation-State agrees to join this network—because there is no other choice, because it is forced or out of conviction—it signs its death certificate.

In short, what this great market wants to do is turn all these islands not into nations, but into commercial centers. You can go from one country to another and find the same products, there is no longer any difference. In Paris or San Cristóbal de Las Casas one can consume the same thing: if one is in San Cristóbal de Las Casas one can

en París recibiendo noticias. Es el fin de los Estados nacionales. Y no sólo: es el fin de los seres humanos que los conforman. Lo que importa es la ley del mercado y la ley del mercado marca que: tanto produces, tanto vales, tanto compras, tanto vales. La dignidad, la resistencia, la solidaridad estorban. Todo lo que impide que un ser humano se convierta en una maquina de producir y comprar es un enemigo y hay que destruirlo. Por esto, nosotros decimos que esta Cuarta Guerra Mundial tiene como enemigo al género humano. No lo destruye físicamente pero sí lo destruye en cuanto ser humano.

De manera paradójica, al destruirse los Estados nacionales, la dignidad, la resistencia y la solidaridad se construyen de nuevo. No hay lazos más fuertes, más sólidos, que los que existen entre los grupos diferentes: entre los homosexuales, entre las lesbianas, entre los jóvenes, entre los migrantes. Entonces, esta guerra pasa también por el ataque a los diferentes. A eso se deben las campañas tan fuertes en Europa y en Estados Unidos en contra de los diferentes, porque son morenos, hablan otra lengua o tienen otra cultura. La forma de cultivar la xenofobia en lo que queda

simultaneously be in Paris receiving news. It is the end of Nation-States. And not only: it is the end of the human beings who make them up. What matters is the law of the market, and the law of the market dictates that: how much you produce, how much you are worth, how much you buy, how much you are worth. Dignity, resistance, solidarity are bothersome. Everything that prevents a human being from becoming a producing and purchasing machine is an enemy and must be destroyed. For this reason, we say that this Fourth World War has the human race as its enemy. It does not destroy one physically but it does destroy one as a human being.

Paradoxically, when Nation-States are destroyed, dignity, resistance and solidarity are built anew. There are no stronger, more solid ties than those that exist between different groups: between homosexuals, between lesbians, between young people, between migrants. So, this war also involves attacking those who are different. That is why there are such strong campaigns in Europe and the United States against people who are different, because they are dark-skinned, speak another language, or have another culture. The way to cultivate xenophobia in what remains of Nation-States is to make threats:

de los Estados nacionales, es hacer amenazas: «estos migrantes turcos te quieren quitar tu trabajo», «estos migrantes mexicanos vienen a violar, vienen a robar, vienen a meter malas costumbres». Los Estados nacionales -o lo poco que de ellos queda- delegan en los nuevos ciudadanos del mundo, los informáticos, el papel de sacar a esos migrantes. Y es ahí donde proliferan grupos como el Ku Klux Klan, o llegan al poder personas de tanta probidad como Berlusconi. Todos construyen su campaña sobre la xenofobia. El odio hacia los diferentes, la persecución en contra de cualquiera que sea diferente es mundial; pero también la resistencia de cualquiera que es diferente es mundial. Frente a esa agresión, estas diferencias se multiplican, se solidifican. Esto es así, no voy a calificar si es bueno o malo, así está ocurriendo.

La guerra no es sólo militar

En términos propiamente militares la Tercera Guerra Mundial tenía su lógica. Era en primer lugar una guerra convencional, concebida de manera que si yo pongo soldados y tú pones soldados, nos enfrentamos y quien quede vivo gana. Esto acontecía en un

"these Turkish migrants want to take your job,"
"these Mexican migrants come to rape, they come to
steal, they come to introduce bad habits." Nation-
States—or what little remains of them—delegate
the role of removing these migrants to the new
citizens of the world, the computer scientists.
And that is where groups like the Ku Klux Klan
proliferate, or people of such probity as Berlusconi
come to power. Everyone builds their campaign
on xenophobia. Hatred towards those who are
different, the persecution against anyone who
is different is global; but also the resistance of
anyone who is different is global. In the face of that
aggression, these differences multiply, they solidify.
This is how it is, I am not going to rate whether it is
good or bad, this is how it is happening.

The war is not only military

In military terms, the Third World War had its logic.
It was, first of all, a conventional war, conceived
in such a way that I deploy soldiers, you deploy
soldiers, we fight, and whoever is left alive wins.
This occurred in a specific territory which, in the

territorio específico que, en el caso de las fuerzas de la Organización del Tratado del Atlántico Norte, OTAN, y del Pacto de Varsovia, era Europa. A partir de la guerra convencional, o sea entre ejércitos, se estableció una carrera militar y armamentista.

Vamos a ver un poco más los detalles. Ésta [enseña un rifle], por ejemplo, es una arma semi automática y se llama AR-15. La fabricaron para el conflicto de Vietnam y se puede desarmar muy fácilmente [la desarma], ya está. Cuando la hicieron, los estadunidenses pensaban en un escenario de guerra convencional, es decir, grandes contingentes militares que se enfrentan. «Juntamos a muchos soldados, los aventamos y al final alguien tiene que quedar.» Al mismo tiempo, el Pacto de Varsovia desarrollaba el fusil automático Kalashnikov que comúnmente se llama AK-47, un arma con mucho volumen de fuego a distancias cortas, de hasta cuatrocientos metros. La concepción soviética implicaba grandes oleadas de tropa: aventaban un montón de soldados disparando, y si morían, llegaba una segunda oleada y una tercera. Ganaba el que tenía más soldados. Entonces, los estadunidenses pensaron: «ya no sirve más el viejo fusil Garand de la Segunda Guerra Mundial. Ahora necesitamos una arma que tenga mucho volumen

case of the forces of the North Atlantic Treaty
Organization (NATO) and the Warsaw Pact, was
Europe. From the starting point of conventional
war, that is, between armies, a military and arms
race became established.

Let's look at the details a little more. This
[displays a rifle], for example, is a semi-automatic
weapon and is called AR-15. They made it for the
Vietnam conflict and it can be taken apart very easily
[takes it apart], that's it. When they made it, the
Americans were thinking of a conventional war
scenario, that is, large military contingents facing
each other. "We gather a lot of soldiers, we throw
them at each other, and in the end someone has
to remain." At the same time, the Warsaw Pact
was developing the Kalashnikov automatic rifle
commonly called AK-47, a weapon with a high
volume of fire at short distances, up to four hundred
meters. The Soviet conception involved large waves
of troops: they deployed a lot of shooting soldiers,
and if they died, a second wave and a third arrived.
The one with the most soldiers won. Then, the
Americans thought: "the old Garand rifle from
World War II is no longer useful. Now we need
a weapon that has a lot of fire volume for short

de fuego para rangos cortos». Sacaron el AR-15
y lo probaron en Vietnam. El problema es que se
descompuso, no sirvió. Cuando atacaban los vietcong,
el mecanismo se quedaba abierto y a la hora de
disparar hacia 'clic'. Y no era una cámara fotográfica, era
un arma.

Intentaron resolver el problema con el modelo
M16-A1. Aquí, la trampa está en la bala que se
llama de dos diferentes maneras. Una, la civil de .223
-fracción de pulgadas- se puede comprar en cualquier
tienda de Estados Unidos. La otra, de 5.56 milímetros,
es de uso exclusivo de las fuerzas de la OTAN. Esta es
una bala muy rápida y tiene una trampa. En la guerra
el objetivo es conseguir que el enemigo tenga bajas, no
muertos, y un ejército considera que tiene bajas cuando
un soldado ya no puede combatir. La Convención
de Ginebra -un acuerdo para humanizar la guerra-
prohíbe las balas expansivas porque la bala expansiva
entra y a la hora de entrar destruye más y es mucho
más letal que una bala de punta dura.

«Puesto que la idea es subir el número de
heridos y bajar el número de muertos» -dijeron-
«prohibamos las balas expansivas». Un balazo de una
bala dura te deja inutilizado, ya estás de baja, no te
mata a menos que alcance un punto vital. Para cumplir

ranges." They brought out the AR-15 and tested
it in Vietnam. The problem is that it broke down,
it didn't work. When the Viet Cong attacked, the
mechanism remained open and when it was time
to fire it "clicked." And it wasn't a camera, it was a
weapon.

They tried to solve the problem with the
M16-A1 model. Here, the catch is in the bullet that
is called two different things. One, the civilian .223—
a fraction of an inch—can be purchased at any store
in the United States. The other, 5.56 millimeters,
is for exclusive use by NATO forces. This is a very
fast bullet and it has a trap. In war the objective
is to ensure that the enemy has casualties, not
deaths, and an army considers that it has casualties
when a soldier can no longer fight. The Geneva
Convention—an agreement to humanize war—
prohibits expanding bullets because the expanding
bullet enters, and when it enters it destroys more and
is much more lethal than a hard-tipped bullet.

"Since the idea is to increase the number of
wounded and lower the number of deaths," they said,
"let's ban expanding bullets." A shot from a hard
bullet leaves you useless, you are already on sick
leave, it does not kill you unless it hits a vital point.

con la Convención de Ginebra y hacer trampa, los estadunidenses crearon la bala de punta blanda que, al introducirse en el cuerpo humano, se dobla y da vueltas. El orificio de entrada es de un tamaño y el de salida es mucho más grande. Esta bala es peor que la expansiva y no viola los convenios. Sin embargo, si te da en un brazo...te lo vuela. Una bala 7.62 mm. te atraviesa y te deja herido; pero ésta (muestra la .223) te destroza. Como por casualidad, el gobierno mexicano acaba de comprar 16 mil de estas balas.

Es decir, se generaron armas para escenarios precisos. Vamos a suponer que no querían usar la bomba nuclear; ¿qué usaban? Muchos soldados contra muchos soldados. Y así se crearon las doctrinas de guerra convencional de la OTAN y del Pacto de Varsovia.

La segunda opción era una guerra nuclear localizada, una guerra con armas nucleares, pero sólo en algunas partes y no en otras. Había un acuerdo entre las dos superpotencias para no atacarse en sus propios territorios y pelearse sólo en un territorio neutral. Sobra decir que este territorio era Europa. Ahí es donde iban a caer las bombas y a ver quién quedaba vivo en Europa Occidental y lo que entonces se llamaba Europa Oriental.

To comply with the Geneva Convention and cheat, the Americans created the soft-point bullet that, when introduced into the human body, bends and twists. The entrance hole is one size and the exit hole is much larger. This bullet is worse than the expansive one and does not violate the conventions. However, if it hits you in the arm...it blows it off. A 7.62 mm bullet passes through you and leaves you wounded; but this one [shows the .223] destroys you. As if by coincidence, the Mexican government has just purchased 16,000 of these bullets.

That is, weapons were generated for precise scenarios. Let's assume that they didn't want to use the nuclear bomb; what did they use? Many soldiers against many soldiers. And thus the conventional war doctrines of NATO and the Warsaw Pact were created.

The second option was a localized nuclear war, a war with nuclear weapons, but only in some parts and not in others. There was an agreement between the two superpowers not to attack each other in their own territories and to fight only in neutral territory. Needless to say, this territory was Europe. That's where the bombs were going to fall and see who was left alive in Western Europe and what was then called Eastern Europe.

La última opción de la Tercera Guerra Mundial era la guerra nuclear total que fue un gran negocio, el negocio del siglo. La lógica de la guerra nuclear es que no había ganador, no importa quién disparaba primero; por muy rápido que disparara, el otro alcanzaba a disparar también. La destrucción era mutua y, desde el principio, simplemente se renunció a esta opción. Su carácter pasó a ser lo que en términos de diplomacia militar se llama «disuasión». «Disuasión»: esta palabra la van a oír mucho: «el ejército federal no está atacando a los zapatistas, los está 'disuadiendo' o 'conteniendo'; para que ya no vayan a hacer travesuras, hay 60 mil soldados federales en Chiapas».

Para que los soviéticos no usaran el arma nuclear, los estadunidenses desarrollaron muchas armas nucleares y para que éstos no usaran el arma nuclear, los soviéticos desarrollaron más armas nucleares y así sucesivamente. Se llamaban IMB (Intercontinental Missil Balistic) y eran los cohetes que iban de Rusia a los Estados Unidos y de Estados Unidos a Rusia. Costaron una fortuna y ahorita ya no sirven para nada. También había otras armas nucleares de uso local que eran las que se iban a usar en Europa en el caso de una guerra nuclear localizada.

Cuando comenzó esta fase, a partir de 1945,

The last option of the Third World War was total nuclear war, which was a big deal, the deal of the century. The logic of nuclear war is that there was no winner, no matter who fired first; no matter how fast he shot, the other man managed to shoot too. The destruction was mutual and, from the beginning, this option was simply renounced. Its character became what in terms of military diplomacy is called "deterrence." "Deterrence": you will hear this word a lot: "the federal army is not attacking the Zapatistas, it is 'deterring' or 'containing' them; So that they will no longer cause mischief, there are now 60 thousand federal soldiers in Chiapas."

So that the Soviets would not use the nuclear weapon, the US-Americans developed many nuclear weapons, and to prevent them from using the nuclear weapon, the Soviets developed more nuclear weapons and so on. They were called ICBMs (Intercontinental Ballistic Missiles) and they were the rockets that went from Russia to the United States and from the United States to Russia. They cost a fortune and now they are no longer useful. There were also other nuclear weapons for local use to be used in Europe in the event of a localized nuclear war.

When this phase began, starting in 1945,

había una guerra por librar porque Europa estaba partida en dos. La estrategia militar -estamos hablando de aspectos puramente militares- era la siguiente: unos puestos avanzados frente a la línea enemiga, una línea de logística permanente y la metrópoli, llámese Estados Unidos o la Unión Soviética. La línea de logística abastecía los puestos avanzados. Grandes aviones que estaban en el aire las 24 horas del día, los B-52 Fortaleza, cargaban las bombas nucleares y nunca necesitaban bajar. Y estaban los pactos militares. El pacto de la OTAN, el Pacto de Varsovia y la SEATO (South East Asia Treaty Organization), que es como la OTAN de los países sudasiáticos. El modelo se ponía en juego en guerras locales. Todo tenía una lógica y era lógico pelearse en Vietnam que era un escenario acordado. En el papel de los puestos de avanzada estaban los ejércitos locales o insurgentes; en el papel de la logística permanente estaban las líneas de venta de armamento clandestino o legal, y en el papel de la metrópoli, las dos superpotencias. También había un acuerdo sobre los lugares en donde tenían que quedarse como espectadores. Los ejemplos más claros de estas guerras locales son las dictaduras de América Latina, los conflictos en Asia, particularmente Vietnam, y las guerras en África. Aparentemente, éstas no tenían absolutamente ninguna lógica, pues la mayoría de las veces

there was a liberation war because Europe was
divided in two. The military strategy—we are talking
about purely military aspects—was as follows:
some advanced posts in front of the enemy line, a
permanent logistics line and the metropolis, whether
called the United States or the Soviet Union. The
logistics line supplied the outposts. Large planes that
were in the air 24 hours a day, the B-52 Fortaleza,
carried the nuclear bombs and never needed to come
down. And there were the military pacts. The NATO
pact, the Warsaw Pact and SEATO (Southeast
Asia Treaty Organization), which is like NATO of
the South Asian countries. The model was put into
play in local wars. Everything had a logic and it was
logical to fight in Vietnam, which was an agreed
scenario. In the role of outposts were local armies or
insurgents; In the role of permanent logistics were
the clandestine or legal arms sales lines, and in the
role of the metropolis, the two superpowers. There
was also an agreement on the places where they had
to stay as spectators. The clearest examples of these
local wars are the dictatorships of Latin America, the
conflicts in Asia, particularly Vietnam, and the wars
in Africa. Apparently, these had absolutely no logic,
since most of the time it was not understood what

no se entendía que estaba pasando, pero lo que ocurría era parte de este esquema de guerra convencional.

En esta época -y eso es importante- cuando se desarrolla el concepto de «guerra total»: en la doctrina militar entran elementos que ya no son militares. Por ejemplo, en Vietnam, desde la ofensiva del Teth (1968) hasta la toma de Saigón (1975), los medios de comunicación se vuelven un frente de batalla muy importante. Así, se desarrolla entre los militares la idea de que no basta con el poder militar: Es necesario incorporar otros elementos como los medios de comunicación. Y que también se puede atacar al enemigo con medidas económicas, con medidas políticas y con la diplomacia, que es el juego de las Naciones Unidas y de las organizaciones internacionales. Unos países hacían maniobras para obtener condenas o censuras contra otros, lo que se llamaba «guerra diplomática».

Todas estas guerras seguían la lógica del dominó. Suena ridículo, pero estaban como dos rivales jugando dominó con el resto de la población. Uno de los contrincantes ponía una ficha y el otro intentaba poner la suya para cortarle el seguimiento. Es la lógica de aquel personaje ilustre que se llama Kissinger, secretario de Estado del gobierno

was happening, but what was happening was part of this conventional war scheme.

In this epoch—and this is important— is when the concept of "total war" is developed: elements that are no longer military enter into military doctrine. For example, in Vietnam, from the Tet Offensive (1968) to the taking of Saigon (1975), the media become a very important battle front. Thus, the idea develops among the military that military power is not enough: It is necessary to incorporate other elements such as the media. And that the enemy can also be attacked with economic measures, with political measures and with diplomacy, which is the game of the United Nations and international organizations. Some countries made maneuvers to obtain condemnations or censures against others, what was called "diplomatic war."

All these wars followed the logic of dominoes. It sounds ridiculous, but they were like two rivals playing dominoes with the rest of the population. One of the opponents put down a chip, and the other tried to put down theirs to cut them off. It is the logic of that illustrious person called Kissinger, Secretary of State of the US government at the time

estadunidense en la época de Vietnam, quien decía: «no podemos abandonar Vietnam porque sería cederle la partida de dominó en el Sureste asiático a los otros». Y por eso hicieron lo que hicieron en Vietnam.

Además, se trataba de recuperar la lógica de la Segunda Guerra Mundial. Para la mayoría de la población, ésta había tenido una lógica heroica. Ahí está la imagen de los marines liberando Francia de la dictadura, liberando Italia del Duce, liberando Alemania de los nazis, el ejército rojo entrando por todos lados.

Supuestamente, la Segunda Guerra se hizo para eliminar un peligro para toda la humanidad, el nacionalsocialismo. Entonces, de una u otra forma, las guerras locales trataron de recuperar la ideología de que «estamos en la defensa del mundo libre»; pero ahora en el papel del nacionalsocialismo estaba Moscú. Y, por su parte, Moscú hacía lo mismo: ambas superpotencias trataban de usar como argumento la «democracia» y «el mundo libre» según cada quien los concebía.

Después, viene la Cuarta Guerra Mundial que destruye todo lo anterior porque el mundo ahora ya no es el mismo y no se puede aplicar la misma estrategia. Se desarrolla más el concepto de «guerra total»: no es sólo una guerra en todos los frentes, es una guerra que

of Vietnam, who said, "We cannot abandon Vietnam because it would mean handing over the game of dominoes in Southeast Asia to others." And that's why they did what they did in Vietnam.

Furthermore, it was about recovering the logic of the Second World War. For the majority of the population, this had had a heroic logic. There is the image of the marines liberating France from the dictatorship, liberating Italy from El Duce, liberating Germany from the Nazis, the Red Army entering everywhere.

Supposedly, the Second War was done to eliminate a danger to all humanity, National Socialism. So, in one way or another, local wars tried to recover the ideology that "we are in defense of the free world;" but now Moscow was playing the role of National Socialism. And, for its part, Moscow did the same: both superpowers tried to use as an argument "democracy" and "the free world" according to each one's conception of them.

Then comes the Fourth World War that destroys everything that came before because the world is no longer the same and the same strategy cannot be applied. The concept of "total war" is further developed: it is not just a war on all fronts,

puede estar en cualquier lado, una guerra totalizadora en donde el mundo entero está en juego. «Guerra total» quiere decir ahora: en cualquier momento, en cualquier lugar, bajo cualquier circunstancia.

Ya no existe la idea de pelear por un lugar en particular; ahora la pelea se puede dar en cualquier lugar y momento; ya no hay una lógica de escalamiento del conflicto con amenazas, tomas de posición e intentos de reposicionarse. En cualquier momento y en cualquier circunstancia puede surgir un conflicto. Puede ser un problema interno, puede ser un dictador y todo lo que han sido las guerras en los últimos cinco años, desde Kosovo hasta la Guerra del Golfo Pérsico. Se destruye así toda la rutina militar de la Guerra Fría.

No es posible hacer la guerra, en la Cuarta Guerra Mundial, con los criterios de la Tercera porque ya tengo que pelear en cualquier lugar, no sé en donde me va a tocar de pelear, ni sé cuándo, tengo que actuar rápidamente, ni sé qué circunstancias voy a tener para llevar adelante esta guerra.

Para resolver el problema, los militares desarrollaron primero la guerra de «despliegue rápido». El ejemplo sería la guerra del Golfo Pérsico, una guerra que significa una gran acumulación de fuerza militar en poco tiempo, un gran accionar militar en poco tiempo,

it is a war that can be anywhere, a totalizing war in which the entire world is at stake. "Total war" means now: at any moment, in any place, under any circumstance.

There is no longer the idea of fighting for a particular place; now the fight can take place anywhere and anytime; there is no longer a logic of escalating the conflict with threats, taking positions and attempts to reposition oneself. A conflict can arise at any time and under any circumstance. It can be an internal problem, it can be a dictator and everything that has been the wars in the last five years, from Kosovo to the Persian Gulf War. Thus the entire military routine of the Cold War is destroyed.

It is not possible to wage war in the Fourth World War using the criteria of the Third because I now have to fight anywhere, I do not know where I am going to have to fight, I don't even know when, I have to act quickly, and I don't know what circumstances I will have to carry out this war.

To solve the problem, the military first developed "rapid deployment" warfare. The example would be the Persian Gulf War, a war that means a great accumulation of military force in a short time, a great military action in a short time, the conquest

las conquistas de territorios y la retirada. La invasión de Panamá sería otro ejemplo de esta fuerza de despliegue rápido. De hecho, hay un contingente de la OTAN que se llama «fuerza de intervención rápida».

El despliegue rápido es una gran masa de fuerza militar que se avienta contra el enemigo y no distingue entre un hospital infantil y una fábrica de armamento químico. Es lo que pasó en Irak: las bombas inteligentes eran bastante estúpidas, no distinguían. Pero ahí se quedaron porque se dieron cuenta que esto es muy caro y es muy poco lo que aporta. En Irak hicieron todo un despliegue, pero no hubo conquista de territorio. Estaban los problemas de las protestas locales, estaban los observadores internacionales de derechos humanos.

Tuvieron que replegarse. Ya les había enseñado Vietnam que, en estos casos, no es prudente insistir. «No, ya no podemos hacer esto», dijeron. Entonces pasaron a la estrategia de «proyección de fuerza».

«Mejor que tener posiciones avanzadas en las bases militares norteamericanas de todo el mundo, acumulemos una gran fuerza continental que, en cuestión de horas y días, tenga capacidad de poner unidades militares en cualquier lugar del mundo». Y en efecto pueden poner una división de cuatro o cinco

of territories and the withdrawal. The invasion of
Panama would be another example of this rapidly
deployable force. In fact, there is a NATO contingent
called the "rapid deployment force."

Rapid deployment is a large mass of military
force unleashed against the enemy and does not
distinguish between a children's hospital and a
chemical weapons factory. This is what happened
in Iraq: the smart bombs were quite stupid, they
did not discern. But they stayed there because they
realized that this is very expensive and it contributes
very little. In Iraq they made a full deployment,
but there was no conquest of territory. There were
the problems of local protests, there were the
international human rights observers.

They had to retreat. Vietnam had already
taught them that, in these cases, it is not wise to
insist. "No, we can't do this anymore," they said. Then
they moved on to the "force projection" strategy.

"Better than having advanced positions in
North American military bases around the world,
let's accumulate a large continental force that, in a
matter of hours and days, has the capacity to place
military units anywhere in the world." And in fact,
they can put a division of four or five thousand men

mil hombres en el punto más lejano del planeta en
cuatro días, y después más, y más, cada vez más.

Pero la proyección de fuerza tiene el problema
de basarse en soldados locales, o sea en soldados
estadunidenses. Ellos consideran que si el conflicto no
se resuelve rápidamente, empiezan a llegar las «body
bags», las bolsas en las que «empacan» a los muertos,
como en Vietnam, y eso puede provocar muchas
protestas internas en Norteamérica o en el país que sea.

Para evitar esos problemas, abandonaron la
proyección de fuerza haciendo, para entendernos,
cálculos de tipo mercantil. No hicieron cálculos sobre
destrucción de fuerza humana o de la naturaleza, sino
de imagen publicitaria. Así la guerra de proyección
fue abandonada y pasaron a un modelo de guerra
con soldados locales, más apoyo internacional, más
una instancia supranacional. Ya no se trata sólo de
enviar soldados, sino de pelear también por medio de
los soldados que están ahí, apoyarlos según la base
del conflicto y no usar el modelo de una nación que
declara la guerra, sino una instancia supranacional
como la ONU o la OTAN. Los que hacen el
trabajo sucio son los soldados locales y los que salen
en las noticias son los estadunidenses y el apoyo
internacional. Este es el modelo. Protestar ya no

at the farthest point of the planet in four days, and then more, and more, more and more.

But force projection has the problem of being based on local soldiers, that is, on Unitedstatesian soldiers. They consider that if the conflict is not resolved quickly, the "body bags" begin to arrive, the bags in which the dead are "packed," as in Vietnam, and that can cause many internal protests in North America or in whatever the country might be.

To avoid these problems, they abandoned the projection of force, making, so to speak, commercial-type calculations. They did not make calculations about the destruction of human power or nature, but rather of the advertising image. Thus, the projection war was abandoned and they moved to a war model with local soldiers, more international support, plus a supranational body. It is no longer just about sending soldiers, but also about fighting through the soldiers who are there, supporting them according to the basis of the conflict, and not using the model of a nation that declares war, but rather a supranational body such as the UN or the NATO. Those who do the dirty work are the local soldiers and those who appear in the news are the Americans and international support. This is the model.

funciona: no es una guerra del gobierno estadunidense; es una guerra de la OTAN y además la OTAN sólo está haciendo el favor de ayudar a la ONU.

En todo el mundo, la reestructuración de los ejércitos es para que puedan enfrentar un conflicto local con apoyo internacional bajo una cobertura supranacional y bajo el disfraz de la guerra humanitaria. De lo que se trata ahora es de salvar a la población de un genocidio, matándola. Y es lo que ocurrió en Kosovo. Milósevich hizo una guerra contra la humanidad: «si nos enfrentamos a Milósevich estamos defendiendo a la humanidad». Es el argumento que usaron los generales de la OTAN y que trajo tantos problemas a la izquierda europea: oponerse a los bombardeos de la OTAN implicaba apoyar a Milósevich, entonces mejor apoyaron los bombardeos de la OTAN. Y a Milósevich, ustedes lo saben, lo armó Estados Unidos.

En el concepto militar, que está funcionando, la totalidad del mundo -ya sea Sri Lanka o cualquier país, el más lejano que se les ocurra- es ahora el traspatio de la metrópoli porque el mundo globalizado produce simultaneidad. Y ese es el problema: en este mundo globalizado, cualquier cosa que pase en cualquier lugar afecta al nuevo orden internacional. El mundo ya no es el mundo, es una aldea y todo está cerquita. Por lo

Protesting no longer works: it is not a war of the US government; It is a NATO war, and furthermore, NATO is only doing the favor of helping the UN.

All over the world, the restructuring of armies is so that they can face a local conflict with international support under supranational cover and under the guise of humanitarian war. What it is about now is saving the population from genocide, killing them. And that is what happened in Kosovo. Milósevich waged a war against humanity: "if we confront Milósevich we are defending humanity." It is the argument that the NATO generals used and that brought so many problems to the European left: opposing the NATO bombings meant supporting Milósevich, so it was better to support the NATO bombings. And Milosevich, you know, was armed by the United States.

In the military concept, which is working, the entire world—be it Sri Lanka or any country, the most distant one you can think of—is now the backyard of the metropolis because the globalized world produces simultaneity. And that is the problem: in this globalized world, anything that happens anywhere affects the new international order. The world is no longer the world, it is a village

tanto, los grandes policías del mundo -y en particular Estados Unidos- tienen el derecho de intervenir en cualquier lado, a cualquier hora, bajo cualquier circunstancia.

Ellos pueden concebir cualquier cosa como una amenaza a su seguridad interna; perfectamente pueden decidir que el alzamiento indígena en Chiapas amenaza la seguridad interna de Norteamérica o los tamiles en Sri Lanka o lo que ustedes quieran. Cualquier movimiento -y no necesariamente armado- en cualquier lado puede ser considerado una amenaza a la seguridad interna.

¿Qué es lo que ha pasado? Que las viejas estrategias y las viejas concepciones de hacer la guerra se derrumbaron. Vamos a ver.

«Teatro de operaciones» es el término militar para indicar el lugar donde se desarrolla la guerra. En la Tercera Guerra Mundial, Europa era el teatro de operaciones. Ahora ya no se sabe dónde va a estallar, puede ser en cualquier lugar, ya no es seguro que vaya a ser Europa.

Entonces, la doctrina militar transita de lo que se denomina «sistema» a lo que ellos llaman «versatilidad». «Tengo que estar listo para hacer cualquier cosa en cualquier momento. Un esquema ya no es suficiente: ahora necesito muchos esquemas, no sólo para construir

and everything is close. Therefore, the great police officers of the world—and in particular the United States—have the right to intervene anywhere, at any time, under any circumstances.

They can conceive of anything as a threat to their internal security; you can perfectly decide that the Indigenous uprising in Chiapas threatens the internal security of North America or the Tamils in Sri Lanka or whatever you want. Any movement— and not necessarily armed—anywhere can be considered a threat to internal security.

What has happened? That the old strategies and the old conceptions of waging war have collapsed. We will see.

"Theater of operations" is the military term for the place where the war unfolds. In the Third World War, Europe was the theater of operations. Now it's no longer known where it will erupt, it could be anywhere, it is no longer certain that it will be Europe.

So, military doctrine transitions from what is called "system" to what they call "versatility." "I have to be ready to do anything at any time. One scheme is no longer enough: now I need many schemes, not only to build a response to certain facts, but to build

una respuesta a determinados hechos, sino para construir muchas respuestas militares a determinados hechos». Es donde interviene la informática. Este cambio hace que se pase de lo sistemático, de lo cuadrado, de lo rígido, a lo versátil, a lo que puede cambiar de un momento a otro. Y eso va a definir toda la nueva doctrina militar de los ejércitos, de los cuerpos militares y de los soldados. Este sería un elemento de la Cuarta Guerra Mundial.

El otro sería el paso de la «estrategia de contención» a la de «alargamiento», o «extensión»: ya no sólo se trata de conquistar un territorio, de contener al enemigo, ahora se trata de prolongar el conflicto a lo que ellos llaman «actos de no-guerra». En el caso de Chiapas, esto tiene que ver con quitar y poner gobernadores y presidentes municipales, con los derechos humanos, con los medios de comunicación, etcétera.

Dentro de la nueva concepción militar se incluye una intensificación de la conquista del territorio. Esto quiere decir que no sólo es necesario preocuparse del EZLN y de su fuerza militar, sino también de la Iglesia, de las organizaciones no gubernamentales, de los observadores internacionales, de la prensa, de los civiles, etcétera. Ya no hay civiles y neutrales. Todo el mundo es parte del conflicto. Todo lo que hay en ese teatro de operaciones es parte del conflicto, es el

many military responses to certain facts." This is where computing comes in. This change makes us go from the systematic, from the square, from the rigid, to the versatile, to what can change from one moment to the next. And that is going to define the entire new military doctrine of the armies, the military bodies and the soldiers. This would be an element of the Fourth World War.

The other would be the move from the "containment strategy" to that of "lengthening," or "extension": it is no longer just a matter of conquering a territory, of containing the enemy, now it is a matter of prolonging the conflict to what they call "acts of non-war." In the case of Chiapas, this has to do with removing and replacing governors and municipal presidents, with human rights, with the media, etc.

The new military concept includes an intensification of the conquest of territory. This means that it is not only necessary to worry about the EZLN and its military force, but also about the Church, non-governmental organizations, international observers, the press, civilians, etc. There are no longer civilians and neutrals. Everyone is part of the conflict. Everything in that theater of operations is part of the conflict, it is the enemy

enemigo según su concepción.

Eso implica que los ejércitos nacionales no sirven porque ya no tienen que defender a los Estados nacionales. Si no hay Estados nacionales: ¿qué van a defender? En la nueva doctrina los ejércitos nacionales pasan a jugar el papel de policía local. El caso de México es muy claro: cada vez más el ejército mexicano hace labores policíacas como la lucha contra el narcotráfico o este nuevo organismo contra la delincuencia organizada que se llama Policía Federal Preventiva y que está formado por militares. Se trata de que los ejércitos nacionales se conviertan en policía local a la manera del cómic estadunidense: un Súper Cop, un Súper Policía. Cuando se reorganice el ejército en la ex Yugoslavia tiene que convertirse en una policía local y la OTAN va a ser su Super Cop, su gran socio en términos políticos. La estrella es la instancia supranacional, en este caso la OTAN o el Ejército estadounidense, y los extras son los ejércitos locales.

Pero los ejércitos nacionales se construyeron con base en una doctrina de «seguridad nacional». Si hay enemigos o peligros para la seguridad de una nación, su trabajo es mantener la seguridad, a veces frente a un enemigo externo, a veces frente a enemigos internos desestabilizadores. Ésta es la doctrina de la

according to its conception.

This implies that national armies are no longer useful because they no longer have to defend Nation-States. If there are no Nation-States, what are they going to defend? In the new doctrine, the national armies begin to play the role of local police. The case of Mexico is very clear: increasingly the Mexican army does police work such as the fight against drug trafficking or this new body against organized crime called the Federal Preventive Police and which is made up of military personnel. It is about the national armies becoming local police in the manner of the American comic: a Super Cop, a Super Police. When the army in the former Yugoslavia is reorganized, it has to become a local police force and NATO is going to be its Super Cop, its great partner in political terms. The star is the supranational entity, in this case NATO or the US Army, and the extras are the local armies.

But national armies were built based on a doctrine of "national security." If there are enemies or dangers to a nation's security, its job is to maintain security, sometimes in the face of an external enemy, sometimes in the face of destabilizing internal enemies. This is the doctrine of the Third

Tercera Guerra Mundial o Guerra Fría. Bajo estos presupuestos, los ejércitos nacionales desarrollaron una conciencia nacional, lo cual ahora dificulta convertirlos en policías amigos del Super Policía. Entonces hay que transformar la doctrina de la seguridad nacional en la «estabilidad nacional». El punto ya no es defender a la nación. Como el principal enemigo de la estabilidad nacional es el narcotráfico y el narcotráfico es internacional, los ejércitos nacionales que operan bajo la consigna de la estabilidad nacional aceptan la ayuda internacional o la interferencia internacional de otros países.

A nivel mundial existe el problema de volver a reordenar los ejércitos nacionales. Ahora bajemos a América y de ahí a América Latina. El proceso es un poco el mismo que ya se dio en Europa y que se vio en la guerra de Kosovo con la OTAN. En el caso de América Latina, está la Organización de Estados Americanos, OEA, con el Sistema de Defensa Hemisférico. Según la idea del ex presidente de Argentina, Ménem, todos los países de América Latina somos amenazados y necesitamos unirnos, destruir la conciencia nacional de los ejércitos y hacer un único gran ejército bajo la doctrina de un sistema de defensa hemisférico con el argumento del narcotráfico. Puesto

World War or Cold War. Under these budgets, the national armies developed a national consciousness, which now makes it difficult to turn them into friendly police officers of the Super Police. Then the doctrine of national security must be transformed into "national stability." The point is no longer to defend the nation. Since the main enemy of national stability is drug trafficking and drug trafficking is international, national armies that operate under the banner of national stability accept international aid or international interference from other countries.

At a global level there is the problem of reorganizing national armies. Now let's go down to America and from there to Latin America. The process is somewhat the same as that already occurred in Europe and that was seen in the Kosovo war with NATO. In the case of Latin America, there is the Organization of American States, OAS, with the Hemispheric Defense System. According to the idea of the former president of Argentina, Ménem, all Latin American countries are threatened and we need to unite, destroy the national consciousness of the armies and make a single great army under the doctrine of a hemispheric defense system with the

que lo que está en juego es la versatilidad, o sea la capacidad de hacer la guerra en cualquier momento, en cualquier lugar y bajo cualquier circunstancia, empieza a haber ensayos. Los pocos bastiones de la defensa nacional que todavía existen deben de ser destruidos por este sistema hemisférico.

Si en Europa fue Kosovo, en el caso de América Latina son Colombia y Chiapas. ¿Cómo se construye ese sistema de defensa hemisférico? De dos formas.

En Colombia, donde se presenta la amenaza del narcotráfico, el gobierno está pidiendo la ayuda de todos: «tenemos que intervenir porque el narcotráfico no afecta sólo a Colombia sino a todo el continente».

En el caso de Chiapas se aplica el concepto de guerra total. Todos son parte, no hay neutrales, o eres aliado o eres enemigo. Así se concibe el escenario de teatro de operaciones. Si en una guerra hay dos partes en conflicto y un pasillo en medio donde está la población civil o las personas que permanecen neutrales, este pasillo se va haciendo cada vez más estrecho hasta que desaparece. Siguiendo esta lógica, el gobierno mexicano ha trazado una línea en la sociedad mundial y en la sociedad chiapaneca para dividir entre los que son sus aliados y los que son sus enemigos.

argument of drug trafficking. Since what is at stake is versatility, that is, the ability to wage war at any time, in any place and under any circumstances, there are beginning to be trials. The few bastions of national defense that still exist must be destroyed by this hemispheric system.

If in Europe it was Kosovo, in the case of Latin America it is Colombia and Chiapas. How is this hemispheric defense system built? Two ways.

In Colombia, where the threat of drug trafficking exists, the government is asking for everyone's help: "We have to intervene because drug trafficking does not only affect Colombia but the entire continent."

In the case of Chiapas, the concept of total war is applied. Everyone is a part, there are no neutrals, you are either an ally or an enemy. This is how the theater of operations scenario is conceived. If in a war there are two parties in conflict and a corridor in the middle where the civilian population or people who remain neutral are, this corridor becomes increasingly narrower until it disappears. Following this logic, the Mexican government has drawn a line in world society and in Chiapas society to divide between those who are its allies and those who are its enemies.

En el caso de Chiapas, la pregunta era ¿por qué no se acabó la guerra cuando se debía de haber acabado? La respuesta es que el objetivo a destruir no era el EZLN. Ni siquiera llegamos a la categoría de enemigos. Nada más nosotros somos un estorbo, una molestia, un mosquito que está ahí nomás dando lata. Lo que se trata de destruir son los pueblos indios. Este es el objetivo, eso es lo que hay que destruir, el enemigo que hay que destruir y los demás que estén a favor de ellos son los estorbos pero no les importan.

Por eso, en todas las visitas que ustedes están realizando y que van a realizar, el gobierno les va a decir: nosotros al EZLN no le hemos hecho nada, porque el EZLN no es el enemigo. Los pueblos indios son el enemigo y por eso los golpes van dirigidos a ellos. Al Ejército Zapatista nomás hay que buscar la forma de darle un golpe, no es un peligro militar. A ver si tienen precio y a comprarlos. A ver si traicionan. El problema real son los pueblos indios. Por eso todas las violaciones y los ataques en los últimos cuatro años -precisamente, desde 1996 a la fecha- son contra población indígena. El más escandaloso es Acteal, pero de la misma crueldad son también Unión Progreso y Chavajeval el 10 de junio de 1998.

Si el enemigo no es el EZLN, ¿por qué

In the case of Chiapas, the question was why the war didn't end when it should have ended? The answer is that the EZLN was not the objective to destroy. We don't even reach the category of enemies. We are nothing more than a nuisance, a nuisance, a mosquito that is just there making a nuisance. What it is trying to destroy are the Indian peoples. This is the objective, that is what must be destroyed, the enemy that must be destroyed and the others who are in favor of them are the obstacles, but they do not care.

For this reason, in all the visits that you are making and are going to make, the government is going to tell you: we have not done anything to the EZLN, because the EZLN is not the enemy. The Indian peoples are the enemy and that is why the blows are directed at them. With the Zapatista Army, we just have to find a way to hit it, it's not a military danger. Let's see if they have a price and we can buy them. Let's see if they betray. The real problem is the Indian peoples. That is why all the rapes and attacks in the last four years—precisely, from 1996 to date—are against the Indigenous population. The most scandalous is Acteal, but Unión Progreso and Chavajeval on June 10, 1998 are also equally cruel.

If the enemy is not the EZLN, why make

pactar la paz con ellos? Este fue el problema que se enfrentó el gobierno. Además, la paz con el EZLN pasa por el reconocimiento del enemigo verdadero y esto no pueden aceptarlo. Por lo tanto, no tiene caso que se firme la paz con el EZLN. «Si lo que quiero es destruir a los pueblos indios y firmar la paz con el EZLN significa reconocer a los pueblos indios, entonces no me conviene».

Pero ¿por qué escogieron a los pueblos indios como enemigo? ¿Por qué son chaparritos y morenos? ¿Por qué hablan muy diferente? ¿Por qué no les gustan? ¿No lo sabemos? Sí lo sabemos.

La nueva conquista

Este mapa muestra los dos grandes tratados del reparto del mundo: el Tratado de Libre Comercio del Norte y el de la Unión Europea. Aquí vienen los datos en versiones mundiales, qué territorio implica este tratado, que población tiene y cuál es el producto interno bruto. Este otro mapa, se refiere al petróleo.

La respuesta a la pregunta «¿por qué no ha terminado la guerra de Chiapas?» Se encuentra en este mapa. El Mundo Maya, Guatemala, Belice, Chiapas,

peace with them? This was the problem that the government faced. Furthermore, peace with the EZLN requires recognition of the true enemy, and they cannot accept this. Therefore, there is no point in signing peace with the EZLN. "If what I want is to destroy the Indian peoples and signing peace with the EZLN means recognizing the Indian peoples, then it is not convenient for me."

But why did they choose the Indian people as their enemy? Why are they short and dark? Why do they speak very differently? Why don't they like them? We do not know? Yes we know.

The new conquest

This map shows the two great treaties that divide the world: the Northern Free Trade Agreement and that of the European Union. Here comes the data in world versions, what territory this treaty involves, what population it has, and what the gross domestic product is. This other map refers to oil.

The answer to the question, "Why hasn't the Chiapas war ended?" It is located on this map. The Mayan World, Guatemala, Belize, Chiapas, parts of

partes de Tabasco, Campeche, Quintana Roo, Yucatán, está lleno de petróleo y de uranio. Esto es lo que está en juego. En el proceso de fragmentación que hemos apreciado -convertir todo el mundo en archipiélago- el poder financiero quiere una nación especial aquí.

Es un punto importante porque los militares dicen que los zapatistas quieren hacer otro país, la Nación Maya. Nosotros lo investigamos. Es un proyecto del capital financiero internacional: construir un nuevo centro comercial que tenga turismo y recursos naturales. Tienen todo lo necesario para hacer un país de estos tres pedazos de México, de Belice y de Guatemala. Esto es lo que está en juego en la guerra en Chiapas.

A parte de estar lleno de petróleo y uranio el problema es que está lleno de indígenas. Y los indígenas, además de no hablar el español, no quieren tarjetas de crédito, no producen, se dedican a sembrar maíz, frijol, chile, café y se les ocurre bailar con marimba sin usar el computer. No son consumidores ni son productores. Sobran. Y todo el que sobra es eliminable. Por eso hacen todo lo posible para que dejen de ser indígenas. Pero no se quieren ir y no quieren dejar de ser indígenas. Es más: su lucha no es por tomar el poder. Su lucha

Tabasco, Campeche, Quintana Roo, Yucatán, is full of oil and uranium. This is what's at play. In the process of fragmentation that we have appreciated— turning the whole world into an archipelago—the financial power wants a special nation here.

It is an important point because the military says that the Zapatistas want to create another country, the Mayan Nation. We investigate it. It is a project of international financial capital: to build a new shopping center that has tourism and natural resources. They have everything necessary to make a country out of these three pieces of Mexico, Belize and Guatemala. This is what is at stake in the war in Chiapas.

Apart from being full of oil and uranium, the problem is that it's full of Indigenous people. And the Indigenous people, in addition to not speaking Spanish, don't want credit cards, they don't produce, they dedicate themselves to planting corn, beans, chili, coffee, and it occurs to them to dance with marimba without using the computer. They're neither consumers nor producers. They're a lot. And anything surprus can be eliminated. That's why they do everything possible to stop them from being Indigenous. But they don't want to leave and they don't want to stop being Indigenous. What's more:

es porque los reconozcan como pueblos indios, que reconozcan que tienen el derecho a existir, sin convertirse en otros.

El problema es que aquí, en el territorio que está en guerra, en territorio zapatista, están las principales culturas indígenas, están las lenguas y los más grandes yacimientos de petróleo. Están los siete pueblos indios que participan en el EZLN, tzeltal, tzotzil, tojolabal, chol, zoque, mam y mestizos. Este es el mapa de Chiapas: comunidades con población indígena y con petróleo, uranio y maderas preciosas.

A éstos es a los que hay de quitar de aquí porque no conciben la tierra como la concibe el neoliberalismo. Para el neoliberalismo todo es una mercancía, se vende, se explota. Y estos indígenas vienen a decir que no, que la tierra es la madre, es la depositaria de la cultura, que ahí vive la historia y que ahí viven los muertos. Puras cosas absurdas que no entran en ninguna computadora y no se cotizan en una bolsa de valores. Y no hay manera de convencerlos de que se vuelvan buenos, que aprendan a pensar bien, nomás no quieren. Hasta se alzaron en armas.

Es por esto -decimos nosotros- que el gobierno mexicano no quiere hacer la paz: es porque

their struggle is not to take power. They fight to be recognized as Indian peoples, to recognize that they have the right to exist, without becoming others.

The problem is that here, in the territory that is at war, in Zapatista territory, there are the main Indigenous cultures, the languages and the largest oil deposits. There are the seven Indian peoples that participate in the EZLN, Tzeltal, Tzotzil, Tojolabal, Chol, Zoque, Mam and Mestizos. This is the map of Chiapas: communities with Indigenous populations and with oil, uranium, and precious woods.

These are the ones who must be removed from here because they do not conceive the earth as neoliberalism conceives it. For neoliberalism everything is a commodity, it is sold, it is exploited. And these Indigenous people come to say no, that the earth is the mother, it is the repository of culture, that history lives there and that the dead live there. Pure nonsense that doesn't fit into any computer and isn't listed on a stock exchange. And there is no way to convince them to become good, to learn to think well, they just don't want to. They even took up arms.

This is why—we say—that the Mexican government does not want to make peace: that is

quiere acabar con este enemigo y desertificar a este territorio, después volver a organizarlo y echarlo a andar como un gran centro comercial, un Mall en el Sureste Mexicano.

El EZLN apoya los pueblos indios y en esta medida también es un enemigo, pero no el principal. No bastaría arreglarse con el EZLN, y peor si arreglarse con el EZLN significa renunciar a este territorio, porque eso significaría la paz en Chiapas: significaría renunciar a la conquista de un territorio rico en petróleo, en maderas preciosas y uranio. Es por esto que no lo hicieron y no lo van a hacer.

La máquina del etnocidio
El papel de los ejércitos.

La primera característica del Ejército Federal en Chiapas es que es un ejército de ocupación; no es un ejército que esté en su territorio, es un ejército que en su dispositivo, en su moral, y en la forma con que se relaciona con el resto de la gente, se da cuenta que está en un territorio que le es ajeno. El soldado federal mexicano es consciente de que es extranjero. Está igual que los clásicos ejércitos de ocupación. Tal

because it wants to put an end to this enemy and desertify this territory, then reorganize it and start it up as a large shopping center, a Mall in the Mexican Southeast.

The EZLN supports the Indian peoples and to this extent is also an enemy, but not the main one. It would not be enough to settle with the EZLN, and worse if settling with the EZLN means giving up this territory, because that would mean peace in Chiapas: it would mean giving up the conquest of a territory rich in oil, precious woods and uranium. This is why they didn't do it and they aren't going to do it.

The ethnocide machine
The role of the armies.

The first characteristic of the Federal Army in Chiapas is that it is an army of occupation; it is not an army that is in its territory, it is an army that in its disposition, in its morale, and in the way it relates to the rest of the people, realizes that it is in a territory that is foreign to it. The Mexican federal soldier is aware that he is a foreigner. It is the same as the classic occupation armies. Just as, for example, the

y como, por ejemplo, operaba el ejército alemán en la segunda guerra mundial, así opera el ejército federal en las comunidades indígenas.

Por eso en Amador Hernández pusieron trampas «cazabobos» alrededor de su cuartel. Son hoyos profundos con estacas afiladas y unas ramitas encima de modo que, cuando alguien las pisa, cae sobre las estacas afiladas.

Es un ejército que teme a la población civil porque sabe que no hay posición militar nuestra ahí. Entonces a lo que le tienen miedo es a los niños, a las mujeres, a los hombres, a los ancianos. A los que todos los días gritan: ¡qué se vayan! Es tanto el temor que tiene de estar en una tierra extranjera, que se comporta como un ejército de ocupación. Ésta es la lógica y por esto están los retenes y los puestos de migración. Es como si entraran a otro país; no hay puestos de migración para entrar a la ciudad de México. Además se le da el control del poder político local al «Croquetas» -como le decimos nosotros- Albores Guillen, lo sostiene el ejército, al igual que a los presidentes municipales locales.

Al mismo tiempo, como no puede presentar una imagen agradable a los medios de comunicación, crea sus propios medios de comunicación, compra periodistas, periódicos, canales de televisión, para

German army operated in the Second World War, this is how the federal army operates in Indigenous communities.

That's why they put booby traps around Amador Hernández's barracks. They are deep holes with sharp stakes and some twigs on top so that when someone steps on them, they fall on the sharp stakes.

It is an army that fears the civilian population because it knows that there is no military position of ours there. So what they are afraid of is children, women, men, the elderly. Of those who shout every day: leave! The fear of being in a foreign land is so big that it behaves like an occupying army. This is the logic, and this is why there are checkpoints and immigration posts. It is as if they entered another country; there are no immigration posts to enter Mexico City. In addition, control of local political power is given to "Croquetas" —as we call him— Albores Guillen, supported by the army, as well as the local municipal presidents.

At the same time, since it cannot present a pleasant image to the communications media, it creates its own communications media, buys journalists, newspapers, television channels, to build

construirse la imagen que él no puede darse a sí mismo.
Y aquí está el botín de guerra.

El ejército federal está metido en una red para
secuestrar y vender a niños indígenas. En concreto,
esto se da, por ejemplo, en el hospital de Guadalupe
Tepeyac. Cuando van a parir las indígenas, las
atienden y según se pone la circunstancia, ya no
les regresan al niño. No se lo dan, el niño queda.
A veces les dicen que se murió o que no se lo van a
dar porque no tienen papeles -es muy frecuente no
tener papeles aquí. La encargada del negocio tiene
nexos con el general Cuevas que está al mando de la
guarnición de Guadalupe Tepeyac. Hay una red de
tráfico de infantes, que a ver hasta dónde termina.
No sé en cuánto se coticen los niños zapatistas, pero
algo debe ganar el general por esa felonía.

El narcotráfico. Desde enero de 1994 hasta el
febrero de 1995 nosotros estuvimos en control de este
territorio. Se impidió la siembra, el tráfico y el consumo
de enervantes. Esto quiere decir que se cerraron las
pistas de aterrizaje que usaban los narcotraficantes
como trampolín para los Estados Unidos y todos
los sembradíos de marihuana o de amapola fueron
destruidos. Evidentemente este territorio, básico para
brincar hacia el mercado de consumo más atractivo -el

the image that it cannot give to itself. And here are the spoils of war.

The federal army is involved in a network to kidnap and sell Indigenous children. Concretly, this occurs, for example, in the Guadalupe Tepeyac hospital. When the Indigenous women go to give birth, they tend to them and depending on the circumstances, they no longer return the child. They don't give them their child, the child stays. Sometimes they tell them the child died or that they're not going to give the child to them because they don't have papers—it is very common not to have papers here. The person in charge of the business has ties to General Cuevas who commands the Guadalupe Tepeyac garrison. There's a child trafficking network, who knows where it ends. I don't know how much Zapatista children are worth, but the General must win something for that felony.

Drug trafficking. From January 1994 to February 1995, we were in control of this territory. Planting, traffic, and consumption of drugs were prevented. This means that the landing strips used by drug traffickers as a springboard to the United States were closed and all marijuana or poppy fields were destroyed. Evidently this territory, essential to jump into the most attractive consumer market—

de los Estados Unidos- tuvo que ser reconquistado. Por supuesto, lo primero que hace el ejército es garantizar que el narcotráfico pueda usar las pistas de aterrizaje en los lugares donde tiene posiciones. La tajada que se llevan los generales es muy grande, la tajada militar.

La trata de blancas. No es de blancas porque aquí son morenas, pero es la prostitución. El que administra las prostitutas, o sea el padrote, es el general que da el servicio a sus soldados, es el que organiza la entrada de ilegales indocumentados de Guatemala, El Salvador y Honduras. Son mujeres jóvenes a las que meten en enganche con la prostitución y las meten a trabajar con sus soldados. Así lo que le paga con una mano al soldado, el general lo recoge con la otra de la mano prostituta.

Los puestos de alcohol. Aquí no había consumo y ahora los principales puestos tienen el apoyo de los militares. Aparte hay un negocio en las promociones y es muy buen negocio ser asignado en Chiapas. Estar en Chiapas significa ganar más sueldo y tener más prestaciones ya que lo toman en cuenta como acción en combate. Por eso no conviene que la guerra se acabe, porque se acaba el negocio. El hermano del secretario de la Defensa Nacional -el general Cervantes- se vio involucrado en varios de estos

that of the United States—had to be reconquered. Of course, the first thing the army does is guarantee that drug trafficking can use the landing strips in the places where it has positions. The cut that the generals take is very large, the military cut.

White slave trafficking. It's not with white slaves because here they are brown, but it's about prostitution. The one who manages the prostitutes, that is, the pimp, is the general who provides service to his soldiers, he is the one who organizes the entry of undocumented illegals from Guatemala, El Salvador, and Honduras. They are young women who get hooked on prostitution and get them to work with their soldiers. So what he pays the soldier with one hand, the general collects with the other from the prostitute's hand.

The alcohol stalls. There was no consumption here and now the main positions have the support of the military. Besides, there is a business in promotions and it is very good business to be assigned in Chiapas. Being in Chiapas means earning more salary and having more benefits since they take it into account as an action in combat. That is why it is not convenient for the war to end, because the business ends. The brother of the Secretary of National Defense— General Cervantes—was involved in several of these

hechos aquí cerca en San José la Esperanza y es el jefe de la guarnición de Maravilla Tenejapa.

Deserciones. Hay muchas deserciones en el ejército federal. Nosotros lo sabemos porque el soldado que deserta siempre pide apoyo en las comunidades para que le presten ropa civil y le den un guía para poderse escapar, librando los retenes. El caso es que cuando un soldado deserta, el general no lo da de baja en la lista de nómina. Mejor sigue cobrando el salario como si el soldado estuviera ahí.

La policía militar. Otro elemento que llama la atención acerca del ejército federal desde hace unos dos o tres años es la aparición de la policía militar. Antes sólo había soldados, ahora hay policía militar lo cual quiere decir por lo menos dos cosas. Una es que están aumentando los actos de insubordinación y las detenciones dentro del propio ejército porque la policía militar es básicamente un cuerpo de seguridad interna. La otra es que, cada vez más, el ejército está cumpliendo labores policíacas: donde no entra la policía judicial -la policía que legalmente debería hacerlo- entra la policía militar.

Las estrategias. La estrategia de este ejército de ocupación es doble: el golpe quirúrgico y el golpe total. El golpe quirúrgico, quiere decir que tienen

events nearby in San José la Esperanza and is the head of the Maravilla Tenejapa garrison.

Desertions. There are many desertions in the federal army. We know this because the soldier who deserts always asks for support in the communities to lend him civilian clothing and give him a guide so he can escape, clearing the checkpoints. The fact is that when a soldier deserts, the general does not remove him from the payroll list. Better he continues collecting the salary as if the soldier were there.

The military police. Another element that has drawn attention about the federal army for about two or three years is the appearance of the military police. Before there were only soldiers, now there are military police which means at least two things. One is that acts of insubordination and arrests within the army itself are increasing because the military police are basically an internal security body. The other is that, increasingly, the army is carrying out police duties: where the judicial police—the police that legally should do so— do not come in, the military police come in.

The strategies. The strategy of this occupation army is twofold: the surgical coup and the total coup. The surgical coup means that they have to strike at

que dar un golpe a la cabeza del EZLN. Este golpe tiene que ser rápido y sin bajas civiles. Para esta tarea tienen listos a los Grupos Aerotransportados de Fuerzas Especiales, GAFE, que cuentan con unos 90 a 105 soldados por unidad y son un poco como los rangers o sea los rambos mexicanos. Hay varios en las cercanías de cada Aguascalientes o en donde se supone pueda aparecer la Comandancia zapatista. Se supone que a la hora decidida actúan, se retiran y ya. El problema aquí sería el costo político y entonces lo que necesitan es tenerlo todo preparado para cuando digan: «ahora es cuando». No es una decisión de días, puede ser minutos: «es ya ahorita porque está pasando tal cosa en tal lado». En todo caso ese no es su problema principal ya que el verdadero enemigo no es EZLN sino los pueblos indios. Y aquí el concepto que rige es el del golpe total. Una primera parte del dispositivo militar va a funcionar como tapón para sellar la zona. Nadie va a poder entrar ni salir, ni observadores internacionales, ni prensa, ni sociedad civil, ni nada. Después viene el golpe interno. Entonces, primero se cierra la zona, con tantos militares, tal profusión de retenes.

No todas las fuerzas entran en juego: a algunos les toca cerrar y a los que están adentro dar el golpe interno.

the head of the EZLN. This blow has to be quick and without civilian casualties. For this task they have the Airborne Groups of Special Forces, GAFE, ready, which have about 90 to 105 soldiers per unit and are a bit like the rangers, that is, the Mexican rambos. There are several in the vicinity of each Aguascalientes or where the Zapatista Command is supposed to appear. It is assumed that at the decided time they act, they retire, and that's it. The problem here would be the political cost and then what they need is to have everything ready for when they say: "Now is the time." It is not a decision of days, it can be minutes: "It is now because such and such a thing is happening on such and such a side." In any case, that is not their main problem since the real enemy is not the EZLN but the Indian peoples. And here the governing concept is that of the total blow. A first part of the military device will function as a plug to seal the area. No one will be able to enter or leave, not international observers, not the press, not civil society, not anything. Then comes the internal blow. So, first the area is closed, with so many soldiers, such a profusion of checkpoints.

Not all forces come into play: some have to close and those who are inside deal the internal blow.

Hay un dato importante. Según sabemos, cuanto menos en el cuartel de San Quintín tienen construidas abajo unas criptas y túneles secretos para sacar a los desaparecidos. No se va a saber cuántos muertos ni quienes, ni nada. Van a desaparecer en el sentido estricto del término, enterrados ahí. ¿Por qué lo sabemos? Sencillamente, porque los que construyeron el cuartel fueron indígenas. Como algunos de ellos eran zapatistas, nos contaron que le preguntaban a los soldados, «y eso, ¿para qué es?» «Pues no, aquí el que baja ya no sale, pero se trata de que no se sepa». Aparte de que tienen un cementerio clandestino abajo del cuartel, criptas y calabozos para interrogatorios, tienen túneles de salida para poder sacar hacia la montaña los cadáveres y poder salir ellos, sin tantos problemas. Todo esto, por supuesto, lo van a negar pero a ver si aceptan una inspección interna de sus cuarteles, sobre todo de los sótanos. Ésta es otra característica de un ejército de ocupación: que tiene sus dispositivos.

Además este es un ejército que se tiene que reorganizar porque es un ejército que todavía tiene mucho la doctrina anterior, sobre todo la doctrina de seguridad nacional y el nacionalismo. Su estructura actual es lo que van a sacrificar en Chiapas y el

There is an important fact. As we know, at
least in the San Quentin barracks they have secret
crypts and tunnels built below to take out the
missing. It will not be known how many dead or who,
or anything. They are going to disappear in the strict
sense of the term, buried there. How do we know it?
Simply because those who built the barracks were
Indigenous. Since some of them were Zapatistas,
they told us that they asked the soldiers, "and what
is that for?" "Well no, here whoever comes down
doesn't come out, but it's about not being known."
Apart from the fact that they have a clandestine
cemetery below the barracks, crypts and dungeons
for interrogations, they have exit tunnels so they
can take the corpses up the mountain and they can get
out, without so many problems. They are going to deny
all this, of course, but let's see if they accept an internal
inspection of their barracks, especially the basements.
This is another characteristic of an occupying army: that
it has its devices.

Furthermore, this is an army that has to
be reorganized because it is an army that still
has a lot of the previous doctrine, especially the
doctrine of national security and nationalism. Their
current structure is what they are going to sacrifice

resultado de la guerra, aparte de la destrucción de los pueblos indios, es el desprestigio total del ejército federal para obligarlo a una reestructuración. Los militares no lo saben -y si lo saben son cómplices- pero lo que se está jugando en esta guerra es su desaparición, la manera como están estructurados ahora. Va a ser tal el desprestigio de esta guerra, que va a tener que redefinirse este ejército que operó estas cosas y entonces sí podrá nacer el nuevo ejército que necesitan el neoliberalismo y la globalización.

Finalmente, el ejército federal mexicano está trabajando en Chiapas para su propia destrucción, porque esta conciencia nacionalista que tiene no cuaja con este mapa. A los militares les han vendido la idea de que nosotros queremos separarnos de México y unirnos con Guatemala y Belice para hacer un nuevo país. No, esto lo quieren las transnacionales, de hecho están trabajando en esto y hay un proyecto turístico que se llama «El Mundo Maya». Es lo que está en juego. A la hora que nos están atacando, los militares están promoviendo que esto se consiga y están promoviendo su propia destrucción. Que les importe no estoy muy seguro, yo creo que no. Los altos mandos están suficientemente inmersos en la corrupción como para que, prácticamente, les estén

in Chiapas and the result of the war, apart from
the destruction of the Indian peoples, is the total
discredit of the federal army to force it to restructure.
The military does not know it—and if they know it,
they are complicit—but what is at stake in this war is
their disappearance, the way they are structured now.
The discredit of this war will be such that this army
that operated these things will have to be redefined
and then the new army that neoliberalism and
globalization need can be born.

Finally, the Mexican federal army is working
in Chiapas for its own destruction, because its
nationalist consciousness does not fit with this
map. They have sold the military the idea that
we want to separate from Mexico and unite with
Guatemala and Belize to make a new country.
No, the transnationals want this, in fact they are
working on this and there is a tourism project called
"The Mayan World." That's what's at stake. At the
time they are attacking us, the military is promoting
this to be achieved and they are promoting their
own destruction. I'm not sure if they care, I don't
think so. The top brass are sufficiently immersed
in corruption that they are practically selling
them their own retirement. "Since we are going to

vendiendo su propia jubilación. «Puesto que de todos modos vamos a destruirte como ejército, lo que te ofrezco es tu despido y que te lleves una buena tajada de dinero. Esta tajada es Chiapas, haz la guerra ahí. Después ya no vas a servir para nada pero vas a tener bastante para poder vivir». En los altos mandos es así. En los mandos medios y en la tropa no hay nada de esto; son soldados y hacen lo que se les dice.

Lo que está en juego en esta gran guerra es ese territorio que hay que conquistar y una de las consecuencias va a ser la destrucción del ejército federal en tanto que su estructura actual; seguirá siendo ejército pero de otra forma. Hay rumores de que las fuerzas armadas se van a reestructurar y que a partir de Chiapas quieren concebir un modelo estadounidense con una comandancia general. Ahora el ejército no funciona por comandancia general, sino por comandancia de zona; lo que quieren es concentrar el poder -un solo mando es más versátil- en el comando central o comandancia general, también les dicen ellos. De esta manera, se les quitaría el poder a los jefes de zona militar y a los jefes de región militar, que son los que ahorita tienen repartido el país.

Tenemos el dato que desde el 1986, había

destroy you as an army anyway, what I offer you is your dismissal and a good chunk of money. This slice is Chiapas, make war there. Afterwards you will no longer be useful for anything, but you will have enough to live on." That's how it is in high command. In the middle management and among the troops, there is none of this; they are soldiers and they do what they are told.

What is at stake in this great war is that territory that must be conquered and one of the consequences will be the destruction of the Federal Army in its current structure; it will continue to be an army but in a different way. There are rumors that the armed forces are going to be restructured and that starting from Chiapas they want to conceive a U.S. model with a General Command. Currently the army does not function by General Command, but by Zone Command; what they want is to concentrate power—a single command is more versatile—in the Central Command or General Command, they also tell them. In this way, power would be taken away from the heads of the military zone and the heads of the military region, who are the ones who currently have the country divided.

We have data that since 1986, there were

aproximadamente 170 mil efectivos, entre ejército,
fuerza aérea y marina, y en 1996, hace tres años,
había 229 mil, casi el 50 por ciento de incremento. Lo
mismo creció el presupuesto: 44 por ciento de 1995 a
1996. Además hay una pugna, o sea una disputa entre
las armas: el ejército y las otras armas. Se les llama
«armas», al arma de infantería, al arma de caballería,
al arma de fuerza aérea, al arma de unidades. En cada
cuerpo los militares se pelean entre ellos por ver quién
tiene más presupuesto, porque el presupuesto es una
ganancia para ellos, entre el ejército, la fuerza aérea
y la marina. En esta reestructuración se están dando
todas estas pugnas internas. Además, hay que agregar
la injerencia estadounidense. Aquí les paso un dato de
la oficina de agregaduría del departamento de fuerzas
armadas de los Estados Unidos de Norteamérica con
sede en la embajada norteamericana en México, D.F.,
la cual señala que en 1995 tenía cuanto menos dos
equipos especiales en Chiapas con la aprobación del
ejército federal.

El problema no sólo son los derechos humanos
individuales. Estamos ante un conjunto de casos de
violación de derechos humanos de pueblos indígenas.
A la hora que se quiere destruir a los pueblos
indios, su forma cultural y todo esto, no sólo se está

approximately 170 thousand troops, including the
Army, Air Force, and Navy, and in 1996, three years
ago, there were 229 thousand, almost a 50 percent
increase. The budget also grew: 44 percent from 1995
to 1996. Furthermore, there is a struggle, that is, a
dispute between the weapons: the army and the other
weapons. They are called "weapons," the infantry
weapon, the cavalry weapon, the air force weapon, the
unit weapon. In each body, the military fights among
themselves to see who has the most budget, because
the budget is a profit for them, between the Army,
the Air Force and the Navy. In this restructuring all
these internal struggles are taking place. In addition,
we must add American interference. Here I give
you some information from the attaché office of the
State Department of the United States of America
based in the North American embassy in Mexico
City, which indicates that in 1995 it had at least two
special teams in Chiapas with the approval of the
Federal Army.

     The problem is not only individual human
rights. We are facing a series of cases of violation
of human rights of Indigenous peoples. At the time
when they want to destroy the Indian peoples,
their cultural form and all of this, they are not

atentando en contra del individuo -al que no se le deja
ir a la milpa, o al que se le golpea o que se le tortura-,
se está atentando en contra del derecho humano de
un colectivo que quiere vivir como colectivo y eso no
está en el derecho internacional. No hay observadores
de derechos humanos colectivos.

Y aquí se está dando el nuevo modelo de
violación de derechos humanos, según nosotros.

A partir de este rincón del mundo, las
guerras del siglo XXI van a ser en contra de los que
quieran ser diferentes. Frente a los que se resisten
a desaparecer como diferentes, cada vez más se va
atentar contra sus derechos colectivos, cuidando el
respeto de los derechos humanos individuales. El
gobierno mexicano tiene como máxima aspiración
librarse de un grupo de observadores, que no puedan
probar que se tortura gente o se le golpea. Pero es
evidente que quiere destruir a estos pueblos indígenas
como pueblos y nadie le puede reclamar porque ni
existe este derecho.

El llamado que les queremos hacer nosotros,
cuando hablen con los que van a hablar, de regreso,
sea en sus países o cuando se entrevisten con los
medios de comunicación o con los funcionarios de
las Naciones Unidas, es que hagan hincapié en esto

only attacking the individual—who is not allowed to go to the cornfield, or who is beaten or who is tortured—the human right of a group that wants to live as a group is being attacked and that is not in international law. There are no collective human rights observers.

And here the new model of human rights violation is taking place, according to us.

From this corner of the world, the wars of the 21st century are going to be against those who want to be different. In the face of those who resist disappearing as different, their collective rights will increasingly be attacked, taking care to respect individual human rights. The Mexican government's ultimate aspiration is to get rid of a group of observers who cannot prove that people are being tortured or beaten. But it is evident that it wants to destroy these Indigenous peoples as peoples, a right no one can claim because this right does not even exist.

The call that we want to make to you, when you speak with those who are going to speak, on your return, whether in your countries or when you meet with the media or with United Nations officials, is to emphasize this that I'm pointing out.

que les estoy señalando. Lo que se está conformando en esos testimonios que van juntando, es una gran violación al derecho humano colectivo de los pueblos indígenas mayas, a su existencia como tales.

Dos fotos: Zapata y una niña

Y aquí vuelvo a la foto. Esta foto es de Emiliano Zapata (enseña el calendario). Bueno, es una pintura y representa el rostro de Emiliano Zapata. Se le ven los ojos, la nariz, la boca, el bigote; es conocido, y por lo tanto cualquiera puede ver a Zapata. La gran paradoja es que cualquier campesino indígena se parece a Zapata: moreno, ojos negros intensos, pueden verlos detrás de muchos pasamontañas. Además es una imagen del pasado. Sí, esto pasó, alguien se alzó en armas y además con una actitud muy especial porque lo que hizo Zapata no fue luchar por el poder. Está la anécdota de cuando llegan a la Ciudad de México -él y Francisco Villa. La silla presidencial está vacía pues han hecho correr al que estaba ahí y Villa le dice a Zapata que se siente y Zapata dice que no. Villa dice que sí, pero nada más para ver qué se siente. Se sienta y ya se levanta,

What is taking shape in these testimonies that they are gathering is a great violation of the collective human right of the Indigenous Mayan peoples, of their existence as such.

Two photos: Zapata and a girl

And here I return to the photo. This photo is by Emiliano Zapata [shows the calendar]. Well, it is a painting and it represents the face of Emiliano Zapata. You can see his eyes, nose, mouth, mustache; he is well known, and therefore anyone can see Zapata. The great paradox is that any Indigenous peasant looks like Zapata: dark, intense black eyes, you can see them behind many balaclavas. Furthermore, it is an image of the past. Yes, this happened, someone took up arms and also with a very special attitude because what Zapata did was not fight for power. There is the anecdote about when he and Francisco Villa arrive in Mexico City. The presidential chair is empty because they have made the person who was there run, and Villa tells Zapata that he should sit on it and Zapata says no. Villa says yes, but just to see how he feels. He sits on it and gets

pero lo que está diciendo Zapata es que el problema no es quién está en el poder, sino la relación entre gobernantes y gobernados. Ésta es la parte que nosotros agarramos de Zapata, su relación frente al poder en la lucha que estamos llevando a cabo.

La imagen de la niña es un acercamiento de otra imagen que está al principio: un grupo de mujeres indígenas que están gritando con el puño izquierdo arriba. Detrás de la niña, hay muchas mujeres que no son jóvenes; tampoco son ancianas pero pasa que las mujeres se acaban muy rápido en las comunidades indígenas. La foto representa el mañana. Nosotros no concebimos que el mundo va a ser ya diferente para esta niña; concebimos que también a ella le va a tocar luchar y los zapatistas somos un puente, somos la correa de transmisión de una herencia al otro heredero que es el que le va a seguir. Cuánta rebeldía hay en esta niña indígena. Se está rebelando como indígena, como mujer, como niña, como ser humano y como trabajadora. En esta imagen se sintetizan todas las contradicciones; todos los otros y diferentes están resueltos aquí. Esta niña nos está diciendo que aprendió a luchar y que detrás de ella están los que le enseñaron, los adultos. Las mujeres que se ven [las indica] aunque serían jóvenes

up, but what Zapata is saying is that the problem is not who is in power, but the relationship between the rulers and the governed. This is the part that we take from Zapata, his relationship with power in the struggle we are carrying out.

The image of the girl is a close-up of another image that is at the beginning: a group of Indigenous women who are shouting with their left fists raised. Behind the girl, there are many women who are not young; they are not old either, but it happens that women become exhausted very quickly in Indigenous communities. The photo represents tomorrow. We do not conceive that the world is going to be different for this girl; we conceive that she is also going to have to fight, and the Zapatistas are a bridge, we are the transmission belt of an inheritance to the other heir who is the one who will follow. How much rebellion there is in this Indigenous girl. She is rebelling as an Indigenous person, as a woman, as a girl, as a human being, and as a worker. In this image all the contradictions are synthesized; all the other and different ones are resolved here. This girl is telling us that she learned to fight and that behind her are those who taught her, the adults. The women you see [it's indicated] although they would be young in the urban

en el medio urbano, ya son grandes por el trabajo y lo que sufren en las comunidades indígenas. Estas mujeres ya son ancianas, personas de edad o de juicio, como le dicen aquí. Ellas son el puente -las que están atrás de esta niña- para que ella siga luchando. No para que el mundo cambie, sino para que siga habiendo gente que luche porque cambie.

Eso es como lo concebimos nosotros, ese es nuestro trabajo, somos indígenas, queremos vivir y queremos seguir siendo indígenas, somos mexicanos y queremos seguir siéndolo. Yo sé que es difícil en el mundo actual, sobre todo en Europa, hablar de nacionalismo. Pero si entienden lo que intenté decirles, en el caso de México y de Chiapas, ser nacionalistas, o sea luchar para que se mantenga la estructura nacional, es ir contra el neoliberalismo. Lo cual no quiere decir que en otra parte del mundo sea igual. Yo sé que el nacionalismo en Europa tiene muchas connotaciones fascistas, pero en México, en el México del final del siglo XX es una subversión. Aquí la moda es hacer la internacional del dinero, y defender el concepto de nación u oponerse a estos proyectos de fragmentación es ser revolucionario. Y esto es lo que estamos haciendo nosotros, nos oponemos a eso.

Entre Zapata y la niña estamos nosotros, y a lo

environment, are already grown up because of the work and what they suffer in the Indigenous communities. These women are already elderly, people of old age or judgment, as they call it here. They are the bridge—the ones behind this girl—so she can continue fighting. Not so that the world changes, but so that there continue to be people who fight for it to change.

That is how we conceive it, that is our work, we are Indigenous, we want to live and we want to continue being Indigenous, we are Mexican and we want to continue being so. I know that it is difficult in today's world, especially in Europe, to talk about nationalism. But if you understand what I tried to tell you, in the case of Mexico and Chiapas, being nationalists, that is, fighting to maintain the national structure, goes against neoliberalism. Which does not mean that it is the same in another part of the world. I know that nationalism in Europe has many fascist connotations, but in Mexico, in Mexico at the end of the 20th century, it is a subversion. The trend here is to make money international, and that defending the concept of nation or opposing these fragmentation projects is to be revolutionary. And this is what we are doing, we oppose that.

Between Zapata and the girl we are, and what

que nos dedicamos es a cuestionarlo todo, incluso a
nosotros mismos. A cuestionar nuestros pasos, por qué
armados, por qué la lucha armada, por qué todo lo que
ustedes han visto aquí y no otra cosa. También esto es
parte de nuestro cuestionamiento, porque tenemos que
reafirmarlo con ustedes y reconocerlo: nosotros somos
un ejército y un ejército es lo más absurdo que hay
porque es recurrir a la fuerza de un arma para tener
razón, y un ser humano que tiene que recurrir a un
arma para tener razón, no es un ser humano. Nosotros
no queremos que el futuro sea el que tenemos ahora.

Esta niña tampoco va a querer que el mundo
sea como el de ella; le va a tocar otra cosa, diferente.
¿Cómo va a ser?, no lo sabemos. Ya los que lleguen
entonces, sabrán cómo le van a hacer; nosotros
pensamos que lo van a hacer bien.

Lo que sí sabemos es que este mundo actual
no lo queremos. No lo queremos y no lo merecemos
y no nos importan cuantas mentiras digan respecto a
nosotros, ni cuántos soldados nos ataquen, ni cuantas
bombas nos quieran echar encima; no vamos a dejar
que el mundo siga así. Todo lo que vayamos a hacer
para hacer que el mundo cambie, ni siquiera nos
preocupa si lo vamos a lograr, ni siquiera pensamos
que pueda ser posible o no, estamos seguros que lo

we dedicate ourselves to is questioning everything, including ourselves. To question our steps, why armed, why the armed struggle, why everything you have seen here and nothing else. This is also part of our questioning, because we have to reaffirm it with you and recognize it: we are an army, and an army is the most absurd thing there is because it is resorting to the force of a weapon to be right, and a human being who has to resort to a weapon to be right, is not a human being. We do not want the future to be what we have now.

This girl is not going to want the world to be like hers either; she is going to get something else, different. What is she going to be like? We don't know. Those who arrive then will know how they are going to do it; we think they are going to do it well.

What we do know is that we do not want this current world. We don't want it and we don't deserve it and we don't care how many lies they tell about us, nor how many soldiers attack us, nor how many bombs they want to drop on us; we are not going to let the world continue like this. Whatever we are going to do to make the world change, we are not even concerned about whether we are going to achieve it, we do not even think about whether it may be possible or not, we are

vamos a hacer.

Eso es lo que somos nosotros, el puente entre este pasado y este mañana y nos toco aquí en Chiapas. Si nos hubiera tocado en Kósovo diríamos otras cosas, en África, Estados Unidos, Italia, Europa, lo que sea que es cada quien. Eso es lo que les queríamos decir.

sure that we are going to do it.

That is what we are, the bridge between this past and this tomorrow, and it is our turn here in Chiapas. If it had been our turn in Kosovo we would say other things, in Africa, the United States, Italy, Europe, whatever each one is. That's what we wanted to tell you.

APUNTES SOBRE LAS GUERRAS

CARTA PRIMERA (COMPLETA) DEL
SCI MARCOS A DON LUIS VILLORO.
LAS 4 PARTES DEL TEXTO
APUNTES SOBRE LAS GUERRAS,
INICIO DEL INTERCAMBIO EPISTOLAR
SOBRE ÉTICA Y POLÍTICA.

JANUARY–FEBRUARY 2011

NOTES ON WARS

FIRST LETTER (COMPLETE) FROM
SCI MARCOS TO DON LUIS VILLORO.
THE 4 PARTS OF THE TEXT
NOTES ON WARS,
START OF THE EPISTOLARY EXCHANGE
ON ETHICS AND POLITICS.

EJÉRCITO ZAPATISTA DE
LIBERACIÓN NACIONAL

MÉXICO.

Enero-Febrero del 2011.

Para: Don Luis Villoro.
De: Subcomandante Insurgente Marcos.

D octor, saludos.

Esperamos de veras que se encuentre mejor de salud
y que tome estas líneas no sólo como vaivén de ideas,
también como un abrazo cariñoso del todo que somos.

Le agradecemos el haber aceptado participar
como corresponsal en este intercambio epistolar.
Esperamos que de él surjan reflexiones que nos
ayuden, allá y acá, a tratar de entender el calendario
que padece nuestra geografía, es decir, nuestro México.

Permítame iniciar con una especie de esbozo.
Se trata de ideas, fragmentadas como nuestra realidad,
que pueden seguir su camino independiente o irse
enlazando como una trenza (que es la mejor imagen

ZAPATISTA ARMY FOR
NATIONAL LIBERATION

MEXICO.

January–February 2011.

To: Don Luis Villoro.
From: Subcomandante Insurgente Marcos.

G reetings, Doctor.

We truly hope that you are in better health and that
you take these lines not only as an exchange of ideas,
but also as a loving embrace from all that we are.

We thank you for agreeing to participate as a
correspondent in this exchange of letters. We hope
that from it reflections arise that can help us, here
and there, to try to understand the calendar that our
geography endures, that is to say, our Mexico.

Let me begin with a sort of outline—
an outline of ideas, fragmented like our reality,
which can follow their own independent paths or
intertwine, like a braid (which is the best image that

que he encontrado para "dibujar" nuestro proceso
de reflexión teórica), y que son producto de nuestra
inquietud sobre lo que ocurre actualmente en México
y en el mundo.

Y aquí inician estos apuntes apresurados
sobre algunos temas, todos ellos relacionados con la
ética y la política. O más bien sobre lo que nosotros
alcanzamos a percibir (y a padecer) de ellos, y sobre
las resistencias en general, y nuestra resistencia
particular. Como es de esperar, en estos apuntes,
el esquematismo y la reducción reinarán, pero creo
que alcanzan para dibujar una o muchas líneas de
discusión, de diálogo, de reflexión crítica.

Y de esto es precisamente de lo que se trata,
de que la palabra vaya y venga, sorteando retenes
y patrullajes militares y policíacos, de nuestro acá
hasta su allá, aunque luego pasa que la palabra se va
para otros lados y no importa si alguien la recoge y
la lanza de nuevo (que para eso son las palabras y las
ideas).

Aunque el tema en el que nos hemos puesto de
acuerdo es el de Política y Ética, tal vez son necesarios
algunos rodeos o, más mejor, aproximaciones desde
puntos aparentemente distantes.

Y, puesto que se trata de reflexiones teóricas,

I have found to "draw" our process of theoretical reflection), and that are the product of our discontent over what is occurring now in Mexico and the world.

And here begin these hastily written notes on different subjects, all related to ethics and politics, or rather, about what we have begun to understand (and to undergo) from them, and about resistance in general, and our resistance in particular. As expected, in these notes, schematism and reduction predominate, but I think that they manage to draw one or many lines of discussion, of dialogue, of critical reflection.

And this is exactly what is intended, that the word come and go, dodging military and police checkpoints and patrols, from our here to your there, but then it happens that the word goes in other directions and it doesn't matter if someone picks it up and sends it once again on its way (which is what words and ideas are for).

Although the theme that we have agreed on is Politics and Ethics, maybe it is necessary to make a few detours, or better, approximations from apparently distant points.

And since this involves theoretical reflections,

habrá que empezar por la realidad, por lo que los detectives llaman "los hechos".

En "Escándalo en Bohemia", de Arthur Conan Doyle, el detective Sherlock Holmes le dice a su amigo, el Doctor Watson: "Es un error capital teorizar antes de tener datos. Sin darse cuenta, uno empieza a deformar los hechos para que se ajusten a las teorías, en lugar de ajustar las teorías a los hechos".

Podríamos empezar entonces por una descripción, apresurada e incompleta, de lo que la realidad nos presenta de la misma forma, es decir, sin anestesia alguna, y recabar algunos datos. Algo así como intentar reconstruir no sólo los hechos sino la forma en la que tomamos conocimiento de ellos.

Y lo primero que aparece en la realidad de nuestro calendario y geografía es una antigua conocida de los pueblos originarios de México: La Guerra.

I.- LAS GUERRAS DE ARRIBA.

"Y en el principio fueron las estatuas".

Así podría iniciar un ensayo historiográfico sobre la guerra, o una reflexión filosófica sobre la real paridora

we need to begin with reality, or what the detectives call, "the facts."

In "Scandal in Bohemia" by Arthur Conan Doyle, the detective Sherlock Holmes says to his friend Dr. Watson: "It is a major mistake to theorize before one has the facts. Without realizing it, you begin to distort the facts in order to fit theory, instead of adjusting theory to the facts."

We can begin, then, with a description, hasty and incomplete, of what reality presents to us, in the same form, that is to say, without anesthetic, and gather some facts. It's something like trying to not only reconstruct the facts, but also the way that we come to know them.

And the first thing that appears in the reality of our calendar and geography is an old acquaintance of the Indigenous people of Mexico: War.

I. - THE WARS FROM ABOVE.

"And in the beginning, there were statues."

This is how a historiographic essay on war could begin, or even a philosophical reflection on the birth

de la historia moderna. Porque la estatuas bélicas esconden más de lo que muestran. Erigidas para cantar en piedra la memoria de victorias militares, no hacen sino ocultar el horror, la destrucción y la muerte de toda guerra. Y las pétreas figuras de diosas o ángeles coronados con el laurel de la victoria no sólo sirven para que el vencedor tenga memoria de su éxito, también para forjar la desmemoria en el vencido.

Pero en la actualidad esos espejos rocosos se encuentran en desuso. Además de ser sepultados cotidianamente por la crítica implacable de aves de todo tipo, han encontrado en los medios masivos de comunicación un competidor insuperable.

La estatua de Hussein, derribada en Bagdad durante la invasión norteamericana a Irak, no fue sustituida por una de George Bush, sino por los promocionales de las grandes firmas trasnacionales. Aunque el rostro bobo del entonces presidente de Estados Unidos bien podía servir para promover comida chatarra, las multinacionales prefirieron autoerigirse el homenaje de un nuevo mercado conquistado. Al negocio de la destrucción, siguió el negocio de la reconstrucción. Y, aunque las bajas en las tropas norteamericanas siguen, lo importante es el dinero que va y viene como debe ser: con fluidez y en abundancia.

of modern history, because these military statues obscure more than they reveal. Built to sing in stone the memory of military victories, they merely conceal the horror, the destruction, and the death of any war. And the stone figures of gods and angels crowned with the laurels of victory are not meant only for the conqueror to remember their success, but also to forge forgetfulness among the conquered.

But in the present moment these rocky mirrors have fallen into disuse. Besides being buried daily by the relentless criticism of birds of all kinds, they have also found an unbeatable competitor in the mass media.

The statue of Saddam Hussein toppled in Baghdad during the US invasion of Iraq was not replaced by one of George Bush, but by the advertisements of large transnational firms. Although the stupid face of the then US president could have easily served to advertise junk food, the multinationals preferred to erect themselves a monument to a newly conquered market. The business of destruction was followed by the business of reconstruction. And although the death of US troops persists, what matters is the money that comes and goes as it should: with fluidity and abundance.

La caída de la estatua de Saddam Hussein no es el símbolo de la victoria de la fuerza militar multinacional que invadió Irak. El símbolo está en el alza en las acciones de las firmas patrocinadoras.

"En el pasado fueron las estatuas, ahora son las bolsas de valores".

Así podría seguir la historiografía moderna de la guerra.

Pero la realidad de la historia (ese caótico horror mirado cada vez menos y con más asepsia), compromete, pide cuentas, exige consecuencias, demanda. Una mirada honesta y un análisis crítico podrían identificar las piezas del rompecabezas y entonces escuchar, como un estruendo macabro, la sentencia:

"En el principio fue la guerra".

La Legitimación de la Barbarie.

Quizá, en algún momento de la historia de la humanidad, el aspecto material, físico, de una guerra fue lo determinante. Pero, al avanzar la pesada y torpe rueda de la historia, eso no bastó. Así como las estatuas sirvieron para el recuerdo del vencedor y la desmemoria del vencido, en las guerras los contendientes necesitaron

The toppling of the statue of Saddam Hussein is not the symbol of the victory of the multinational military force that invaded Iraq. That symbol can be found in the rise of the stocks of the sponsoring corporations.

"In the past it was the statues, today it is the stock market."

This is how the modern historiography of war could continue.

But the reality of history (this chaotic horror, which is seen less and less and each time more aseptically), obligates, calls to account, requires consequences, and demands. An honest look and a critical analysis could identify the pieces of the puzzle and thus hear, like a macabre roar, the verdict:

"In the beginning there was war."

The Legitimation of Barbarism.

Perhaps at some point in the history of humanity, the material, physical aspect of a war was the determining factor. But as the heavy and awkward wheel of history moved forward, that was not enough. And so, like the statutes that served to memorialize the conquerors and the forgetting of the conquered, in war the contenders

no sólo derrotar físicamente al contrario, sino también hacerse de una coartada propagandística, es decir, de legitimidad. Derrotarlo moralmente.

En algún momento de la historia fue la religión la que otorgó ese certificado de legitimidad a la dominación guerrera (aunque algunas de las últimas guerras modernas no parecen haber avanzado mucho en ese sentido)- Pero luego fue necesario un pensamiento más elaborado y la filosofía entró al relevo.

Recuerdo ahora unas palabras suyas: *"La filosofía siempre ha tenido una relación ambivalente con el poder social y político. Por una parte, tomó la sucesión de la religión como justificadora teórica de la dominación. Todo poder constituido ha tratado de legitimarse, primero en una creencia religiosa, después en una doctrina filosófica. (...) Tal parece que la fuerza bruta que sustenta al dominio carecería de sentido para el hombre si no se justificara en un fin aceptable. El discurso filosófico, a la releva de la religión, ha estado encargado de otorgarle ese sentido; es un pensamiento de dominio."* (Luis Villoro. "Filosofía y Dominio". Discurso de ingreso al Colegio Nacional. Noviembre de 1978).

En efecto, en la historia moderna esa coartada

needed to not only physically defeat their opponents, but also to produce a self-justification, that is, their legitimacy. To defeat them morally.

At some point in history, it was religion that granted this certification of legitimacy to warlike domination (although some of the latest modern wars do not seem to have made much progress in that sense)—but then a more elaborate thinking became necessary and philosophy entered the scene.

Now I remember some of your words: *"Philosophy has always had an ambivalent relationship with social and political power. On the one hand, it succeeded religion as a theorertical justfication for domination. All constituted power attempted to legitimize itself, first through belief in religion and later through philosophical doctrine (...). It seems that the brute force that sustains domination would be meaningless to humans if it wasn't somehow justified by an acceptable end. Philosophical discourse, in supplanting religion, has been responsible for bestowing that sensibility; it is a thinking of domination."* (Luis Villoro. "Philosophy and Domination: Opening Speech at the National College, November 1978).

Indeed, in modern history, this alibi could

podía llegar a ser tan elaborada como una justificación filosófica o jurídica (los ejemplos más patéticos los ha dado la Organización de las Naciones Unidas, ONU). Pero lo fundamental era, y es, hacerse de una justificación mediática.

Si cierta filosofía (siguiéndolo, Don Luis: el "pensamiento de dominio" en contraposición al "pensamiento de liberación") relevó a la religión en esa tarea de legitimación, ahora los medios masivos de comunicación han relevado a la filosofía.

¿Alguien recuerda que la justificación de la fuerza armada multinacional para invadir Irak era que el régimen de Saddam Hussein poseía armas de destrucción masiva? Sobre eso se construyó un gigantesco andamiaje mediático que fue el combustible para una guerra que no ha terminado aún, al menos en términos militares. ¿Alguien recuerda que nunca se encontraron tales armas de destrucción masiva? Ya no importa si fue mentira, si hubo (y hay) horror, destrucción y muerte, perpetrados con una coartada falsa.

Cuentan que, para declarar la victoria militar en Irak, George W. Bush no esperó los informes de que se habían encontrado y destruido esas armas, ni la confirmación de que la fuerza multinacional controlaba ya, si no todo el territorio iraquí, sí al menos sus

become as elaborate as a philosophical or juridical justification (the most pathetic examples being those given by the United Nations). But what was fundamental was, and is, to make a media justification.

If a certain philosophy (following Don Luis, the "thinking of domination" in contradistinction to the "thinking of liberation") took over, from religion, this task of legitimation has now been taken over from philosophy by the mass media.

Does anyone remember that the justification of the multinational forces for invading Iraq was that Saddam Hussein had weapons of mass destruction? Upon this was built a giant media scaffolding that was the fuel for a war that has still not ended, at least in military terms. Does anyone remember that they never found those weapons of mass destruction? Now it doesn't even matter if it was a lie, if there was (and is) horror, destruction, and death, all perpetrated on a false justification.

They say that in order to declare victory in Iraq, George Bush didn't wait for the reports that they had found and destroyed these weapons, nor for confirmation that the multinational forces already controlled, if not all of Iraqi territory, at least its key

puntos nodales (la fuerza militar norteamericana se encontraba atrincherada en la llamada "zona verde" y ni siquiera podía aventurarse a salir a los barrios vecinos —véanse los estupendos reportajes de Robert Fisk para el periódico británico "The Independent"-).

No, el informe que recibió Washington y le permitió dar por terminada la guerra (que por cierto no termina aún), llegó de los consultores de las grandes trasnacionales: el negocio de la destrucción puede dar paso al negocio de la reconstrucción (sobre esto véanse los brillantes artículos de Naomi Klein en el semanario estadounidense "The Nation", y su libro "La Doctrina del Shock").

Así, lo esencial en la guerra no es sólo la fuerza física (o material), también es necesaria la fuerza moral que, en estos casos, es proporcionada por los medios masivos de comunicación (como antes por la religión y la filosofía).

La Geografía de la Guerra Moderna.

Si el aspecto físico lo referimos a un ejército, es decir, a una organización armada, mientras más fuerte es (es decir, mientras más poder de destrucción posee), más posibilidades de éxito tiene.

nodal points (The U.S. military was entrenched in an area called the "green zone" and could not even venture out into the surrounding neighborhoods— see the excellent reporting on this by Robert Fisk for the British newspaper "The Independent").

No, the report that Washington received, and that allowed him to end the war (which is certainly not over yet), came from the consultants of the large transnational companies: the business of destruction can give way to the business of reconstruction (on this see the brilliant articles by Naomi Klein in the US weekly "the Nation" and her book entitled "The Shock Doctrine").

And so, what is essential in war is not only physical (or material) force, but also the moral force, which in these instances was provided by the mass media (as before it had been provided by religion and philosophy).

The Geography of Modern War

If by physical aspect we refer to an army, that is, an armed organization, the stronger that army is (that is, the greater its power of destruction), the greater its possibilities for success.

Si es el aspecto moral referido a un organismo armado, mientras más legítima es la causa que lo anima (es decir, mientras más poder de convocatoria tiene), entonces mayores son las posibilidades de conseguir sus objetivos.

El concepto de guerra se amplió: se trataba de no sólo de destruir al enemigo en su capacidad física de combate (soldados y armamento) para imponer la voluntad propia, también era posible destruir su capacidad moral de combate, aunque tuviera aún suficiente capacidad física.

Si las guerras se pudieran poner únicamente en el terreno militar (físico, ya que en esa referencia estamos), es lógico esperar que la organización armada con mayor poder de destrucción imponga su voluntad al contrario (tal es el objetivo del choque entre fuerzas) destruyendo su capacidad material de combate.

Pero ya no es posible ubicar ningún conflicto en el terreno meramente físico. Cada vez más es más complicado el terreno en el que las guerras (chicas o grandes, regulares o irregulares, de baja, mediana o alta intensidad, mundiales, regionales o locales) se realizan.

Detrás de esa gran e ignorada guerra mundial ("guerra fría" es como la llama la historiografía moderna, nosotros la llamamos "la tercera guerra mundial"), se puede encontrar una sentencia histórica que marcará las

If by moral aspect we refer to an armed organism, the more legitimate the cause that drives it (that is, the greater its power of convocation), the greater its possibilities for achieving its objectives.

The concept of war has been broadened to mean not only the destruction of the enemy's physical capacity (soldiers and weapons) in order to impose one's own will, but also to destroy the enemy's moral capacity for combat, even if it has sufficient physical capability.

If war took place only on military terrain (physical that is, that being here our frame of reference), it's logical to expect the armed organization with greater power of destruction to impose its will on the other (that being the objective of the confrontation of forces), destroying the other's material capacity to fight.

But it is no longer possible to locate any conflict upon a strictly physical terrain. The terrain of war is more and more complicated (be they large or small wars, regular or irregular, of low, medium, or high intensity, world, regional or local).

Behind that great ignored world war (the "Cold War" as it is called in modern historiography; we call it the "Third World War"), we can find a historical verdict that will frame all

248 | *Apuntes sobre las Guerras (2011)*

guerras por venir.

La posibilidad de una guerra nuclear (llevada al límite por la carrera armamentista que consistía, grosso modo, en cuántas veces se era capaz de destruir el mundo) abrió la posibilidad de "otro" final de un conflicto bélico: el resultado de un choque armado podía no ser la imposición de la voluntad de uno de los contrincantes sobre el otro, sino que podía suponer la anulación de las voluntades en pugna, es decir, de su capacidad material de combate. Y por "anulación" me refiero no sólo a "incapacidad de acción" (un "empate" pues), también (y sobre todo) a "desaparición".

En efecto, los cálculos geomilitares nos decían que en una guerra nuclear no habría vencedores ni vencidos. Y más aún, no habría nada. La destrucción sería tan total e irreversible que la civilización humana dejaría su paso a la de las cucarachas.

El argumento recurrente en las altas esferas militares de las potencias de la época era que las armas nucleares no eran para pelear una guerra, sino para inhibirla. El concepto de "armamento de contención" se tradujo entonces al más diplomático de "elementos de disuasión".

Reduciendo: la doctrina "moderna" militar se sintetizaba en: impedir que el contrario imponga

the wars to come.

The possibility of nuclear war (taken to the limit by an arms race consisting of, grosso modo, how many times one could destroy the world) opened the possibility of "another" end to military conflict: armed confrontation could result not in the imposition of the will of one side over another, but could in fact suppose the annulment of the wills in struggle, that is, of their material capacity for combat. And by annulment I refer not only to "the incapacity for action" (a tie), but also (and above all) to their disappearance.

In effect, geomilitary calculations told us that in a nuclear war there would be neither winners or losers. In fact, there wouldn't be anything. Destruction would be so total and irreversible that human civilization would cede its presence on the earth to the cockroaches.

The recurring argument in the highest ranks of the military powers of the era was that the accumulation of nuclear weapons was not for the purpose of fighting a war, but for inhibiting the possibility of war. The concept of "weapons for containment" was thus translated to the more diplomatic "elements of deterrence."

To simplify: "modern" military doctrine can be synthesized thus: impeding the other side from

su voluntad mayor (o "estratégica"), equivale a imponer la propia voluntad mayor ("estratégica"), es decir, desplazar las grandes guerras hacia las pequeñas o medianas guerras. Ya no se trataba de destruir la capacidad física y/o moral de combate del enemigo, sino de evitar que la empleara en un enfrentamiento directo. En cambio, se buscaba redefinir los teatros de la guerra (y la capacidad física de combate) de lo mundial a lo regional y local. En suma: diplomacia pacífica internacional y guerras regionales y nacionales.

Resultado: no hubo guerra nuclear (al menos todavía no, aunque la estupidez del capital es tan grande como su ambición), pero en su lugar hubo innumerables conflictos de todos los niveles que arrojaron millones de muertos, millones de desplazados de guerra, millones de toneladas métricas de material destruido, economías arrasadas, naciones destruidas, sistemas políticos hechos añicos… y millones de dólares de ganancia.

Pero la sentencia estaba dada para las guerras "más modernas" o "posmodernas": son posibles conflictos militares que, por su naturaleza, sean irresolubles en términos de fuerza física, es decir, en imponer por la fuerza la voluntad al contrario.

imposing greater (or "strategic") will meant imposing
one's own greater will ("strategic"), that is, displacing the
large-scale wars toward small or medium-sized wars.
This was not about destroying the physical or moral
capacity for combat of the enemy, but rather of avoiding
a situation where the enemy was able to employ that
capacity in a direct physical confrontation. On the other
hand, the theater of war (as well as the physical capacity
for combat) was redefined from a world scale to the local
and regional. In sum, peaceful international diplomacy
accompanied by regional and national wars.

The result: there was no nuclear war (at
least not yet, although the stupidity of capital is as
great as its ambition), but in its place there were
innumerable conflicts on all levels that resulted in
millions of dead, millions of displaced, millions
of metric tons of destroyed material, devastated
economies, destroyed nations, political systems
smashed to smithereens… and millions of dollars in
profit.

But the verdict had been handed down for
"more modern" or "postmodern" wars: military
conflicts are possible that, by nature, are irresolvable
in terms of physical force, that is, by imposing one's
will over the other.

Podríamos suponer entonces que se inició una
lucha paralela SUPERIOR a las guerras "convencionales".
Una lucha por imponer una voluntad sobre la otra: la
lucha del poderoso militarmente (o "físicamente" para
poder transitar al microcosmos humano) por evitar
que las guerras se libraran en terrenos donde no se
pudieran tener resultados convencionales (del tipo
"el ejército mejor equipado, entrenado y organizado
será potencialmente victorioso sobre el ejército peor
equipado, entrenado y organizado"). Podríamos suponer,
entonces, que en su contra está la lucha del débil
militarmente (o "físicamente") por hacer que las guerras
se libraran en terrenos donde el poderío militar no fuera
el determinante.

Las guerras "más modernas" o "posmodernas"
no son, entonces, las que ponen en el terreno armas
más sofisticadas (y aquí incluyo no sólo a las armas
como técnica militar, también las tomadas como tales
en los organigramas militares: el arma de infantería,
el de caballería, el arma blindada, etc.), sino las que
son llevadas a terrenos donde la calidad y cantidad del
poder militar no es el factor determinante.

Con siglos de retraso, la teoría militar
de arriba descubría que, así las cosas, serían
posibles conflictos en los que un contrincante

We could infer then that a parallel struggle
began ABOVE "conventional" war. This was also
a struggle to impose one's will over the other: the
struggle of the militarily (or "physically," to traverse
the human microcosm) powerful to avoid war
ever breaking out on a terrain where they could
not obtain conventional results (of the type "the
best armed, trained, and organized army will be
powerfully victorious over the more poorly armed,
trained, and organized army"). We could suppose,
then, that against this proposition is the struggle of
the militarily (or physically) weaker in order to fight
wars on a terrain where military power is not the
determining factor.

The "more modern" or "postmodern" wars are
not, then, those that bring the most sophisticated
weapons to the battlefield (and here I include
weapons in terms of military technique but also
those defined as such in military organigrams: the
infantry, cavalry, armor, etc.), but rather those that are
taken to the terrain where the quantity and quality of
military power is not the determining factor.

Several centuries behind, military theory
from above discovered that, in this context, conflicts
would be possible where the side with overwhelming

abrumadoramente superior en términos militares fuera incapaz de imponer su voluntad a un rival débil.

Sí, son posibles.

Ejemplos en la historia moderna sobran, y las que ahora me vienen a la memoria son de derrotas de la mayor potencia bélica en el mundo, los Estados Unidos de América, en Vietnam y en Playa Girón. Aunque se podrían agregar algunos ejemplos de calendarios pasados y de nuestra geografía: las derrotas del ejército realista español por las fuerzas insurgentes en el México de hace 200 años.

Sin embargo, la guerra está ahí y sigue ahí su cuestión central: la destrucción física y/o moral del oponente para imponer la voluntad propia, sigue siendo el fundamento de la guerra de arriba.

Entonces, si la fuerza militar (o física, reitero) no sólo no es relevante sino que se puede prescindir de ella como variable determinante en la decisión final, tenemos que en el conflicto bélico entran otras variables o algunas de las presentes como secundarias pasan a primer plano.

Esto no es nuevo. El concepto de "guerra total" (aunque no como tal) tiene antecedentes y ejemplos. La guerra por todos los medios (militares, económicos, políticos, religiosos, ideológicos, diplomáticos, sociales y aún ecológicos) es el sinónimo de "guerra moderna".

military superiority would be incapable of imposing its will over a weaker rival.

Yes, they are possible.

Examples in modern history are numerous, those that come first to mind are the defeats of the greatest military power in the world, the United States of America, in Vietnam and Playa Girón, although we could add some examples from past calendars and our own geography—the defeat of the Spanish royalist army by insurgent forces in Mexico 200 years ago.

Nevertheless, war continues as does its central issue: the physical and/or moral destruction of the opponent in order to impose one's own will continues to be the foundation for war from above.

Therefore, if military force (or physical, I reiterate) is not only not relevant but can in fact be discarded as the determining variable in the final decision, we have a situation where other variables, or existing secondary variables, become primary.

This is not new. The concept of "total war" (although not as such) has antecedents and examples. War by any means (military, economic, political, religious, ideological, diplomatic, social, and even ecological) is synonymous with "modern war."

Pero falta lo fundamental: la conquista de un territorio. Es decir, que esa voluntad se impone en un calendario preciso sí, pero sobre todo en una geografía delimitada. Si no hay un territorio conquistado, es decir, bajo control directo o indirecto de la fuerza vencedora, no hay victoria.

Aunque se puede hablar de guerras económicas (como el bloqueo que el gobierno norteamericano mantiene contra la República de Cuba) o de aspectos económicos, religiosos, ideológicos, raciales, etc., de una guerra, el objetivo sigue siendo el mismo. Y en la época actual, la voluntad que trata de imponer el capitalismo es destruir/despoblar y reconstruir/reordenar el territorio conquistado.

Sí, las guerras ahora no se conforman con conquistar un territorio y recibir tributo de la fuerza vencida. En la etapa actual del capitalismo es preciso destruir el territorio conquistado y despoblarlo, es decir, destruir su tejido social. Hablo de la aniquilación de todo lo que da cohesión a una sociedad.

Pero no se detiene ahí la guerra de arriba. De manera simultánea a la destrucción y el despoblamiento, se opera la reconstrucción de ese territorio y el reordenamiento de su tejido social, pero ahora con otra

But we are still lacking the most fundamental aspect: the conquest of a territory. That is, will is imposed on a particular calendar, yes, but above all on a specific geography. If there is no territory conquered—that is, brought under direct or indirect control of the victorious force—there is no victory.

Although one can talk of economic wars (like the blockade that the North American government maintains against the Republic of Cuba) or the economic, religious, ideological, and racial aspects of a war, the objective is the same. And in the current era, the will that capitalism attempts to impose is to destroy/depopulate and reconstruct/reorder the conquered territory.

Yes, war today is not content to conquer a territory and demand tribute from the defeated force. In the current era of capitalism it is necessary to destroy the conquered territory and depopulate it, that is, destroy its social fabric. I am speaking here of the annihilation of everything that gives cohesion to a society.

But war from above does not stop there. Simultaneous with destruction and depopulation is the reconstruction of that territory and the reordering of its social fabric, but now with another logic,

lógica, otro método, otros actores, otro objetivo. En suma: las guerras imponen una nueva geografía.

Si en una guerra internacional, este proceso complejo ocurre en la nación conquistada y se opera desde la nación agresora, en una guerra local o nacional o civil el territorio a destruir/despoblar y reconstruir/ reordenar es común a las fuerzas en pugna.

Es decir, la fuerza atacante victoriosa destruye y despuebla su propio territorio.

Y lo reconstruye y reordena según su plan de conquista o reconquista.

Aunque si no tiene plan… entonces "alguien" opera esa reconstrucción – reordenamiento.

Como pueblos originarios mexicanos y como EZLN algo podemos decir sobre la guerra. Sobre todo si se libra en nuestra geografía y en este calendario: México, inicios del siglo XXI…

II.- LA GUERRA DEL MÉXICO DE ARRIBA.

"Yo daría la bienvenida casi a cualquier guerra porque creo que este país necesita una".
Theodore Roosevelt.

another method, other actors, another objective. In sum: war imposes a new geography.

If in an international war this complex process occurs in the conquered nation and is operated from the aggressor nation, in a local or national or civil war the territory to destroy/depopulate and reconstruct/reorder is common to the forces in battle.

That is, the victorious attacking force destroys and depopulates its own territory.

And it reconstructs and reorders it according to its plan for conquest or reconquest.

Although, if it doesn't have a plan... then "somebody" operates this reconstruction–reordering.

As originary Mexican peoples and as the EZLN we have something to say about war. Above all if that war is fought on our geography and on this calendar: Mexico, beginning of the twenty-first century...

II. THE WAR OF THE MEXICO FROM ABOVE.

"I would welcome almost any war because I believe that this country needs one."
Theodore Roosevelt.

Y ahora nuestra realidad nacional es invadida por la guerra. Una guerra que no sólo ya no es lejana para quienes acostumbraban verla en geografías o calendarios distantes, sino que empieza a gobernar las decisiones e indecisiones de quienes pensaron que los conflictos bélicos estaban sólo en noticieros y películas de lugares tan lejanos como... Irak, Afganistán,... Chiapas.

Y en todo México, gracias al patrocinio de Felipe Calderón Hinojosa, no tenemos que recurrir a la geografía del Medio Oriente para reflexionar críticamente sobre la guerra. Ya no es necesario remontar el calendario hasta Vietnam, Playa Girón, siempre Palestina.

Y no menciono a Chiapas y la guerra contra las comunidades indígenas zapatistas, porque ya se sabe que no están de moda, (para eso el gobierno del estado de Chiapas se ha gastado bastante dinero en conseguir que los medios no lo pongan en el horizonte de la guerra, sino de los "avances" en la producción de biodiesel, el "buen" trato a los migrantes, los "éxitos" agrícolas y otros cuentos engañabobos vendidos a consejos de redacción que firman como propios los boletines gubernamentales pobres en redacción y argumentos).

La irrupción de la guerra en la vida cotidiana

And now our national reality is invaded by war. A war that is not only not far away from those who were accustomed to see war in distant geographies or calendars, but also one that begins to determine the decisions and indecisions of those who thought that wars were only in the news and in places so far away like…Iraq, Afghanistan,…Chiapas.

And in all of Mexico, thanks to the sponsorship of Felipe Calderón Hinojosa, we don't have to look toward the Middle East to critically reflect on war. It is no longer necessary to turn the calendar back to Vietnam, the Bay of Pigs, always Palestine.

I don't mention Chiapas and the war against Zapatista Indigenous communities, because it is known that they aren't fashionable (that's why the Chiapas state government has spent so much money so that the media no longer puts it on war's horizon, instead, it publishes the "advances" in biodiesel production, its "good" treatment of migrants, the agricultural "successes" and other deceiving stories that are sold to editorial boards who put their own names on poorly edited and argued governmental press releases).

The war's interruption of daily life in current-

del México actual no viene de una insurrección, ni de movimientos independentistas o revolucionarios que se disputen su reedición en el calendario 100 o 200 años después. Viene, como todas las guerras de conquista, desde arriba, desde el Poder.

Y esta guerra tiene en Felipe Calderón Hinojosa su iniciador y promotor institucional (y ahora vergonzante).

Quien se posesionó de la titularidad del ejecutivo federal por la vía del facto, no se contentó con el respaldo mediático y tuvo que recurrir a algo más para distraer la atención y evadir el masivo cuestionamiento a su legitimidad: la guerra.

Cuando Felipe Calderón Hinojosa hizo suya la proclama de Theodore Roosevelt (algunos adjudican la sentencia a Henry Cabot Lodge) de "este país necesita una guerra", recibió la desconfianza medrosa de los empresarios mexicanos, la entusiasta aprobación de los altos mandos militares y el aplauso nutrido de quien realmente manda: el capital extranjero.

La crítica de esta catástrofe nacional llamada "guerra contra el crimen organizado" debiera completarse con un análisis profundo de sus alentadores económicos. No sólo me refiero al

day Mexico doesn't stem from an insurrection, nor
from independent or revolutionary movements that
compete for their reprint in the calendar 100 or 200
years later. It comes from, as all wars of conquest,
from above, from the Power.

And this war has as Felipe Calderón
Hinojosa its initiator and its institutional (and now
embarrassing) promoter.

The man who took possession of the title of
President by de facto wasn't satisfied with the media
backing he received, and he had to turn to something
else to distract people's attention and avoid the
massive controversy regarding his legitimacy: war.

When Felipe Calderón Hinojosa made
his own Theodore Roosevelt's proclamation that
"this country needs a war" (although some credit
the sentence to Henry Cabot Lodge), he was met
with fearful distrust from Mexican businessmen,
enthusiastic approval from high-ranking military
officials, and hearty applause from that which really
rules: foreign capital.

Criticism of this national catastrophe called
the "war on organized crime" should be completed
with a profound analysis of its economic enablers.
I'm not only referring to the old axiom that in times

antiguo axioma de que en épocas de crisis y de guerra aumenta el consumo suntuario. Tampoco sólo a los sobresueldos que reciben los militares (en Chiapas, los altos mandos militares recibían, o reciben, un salario extra del 130% por estar en "zona de guerra"). También habría que buscar en las patentes, proveedores y créditos internacionales que no están en la llamada "Iniciativa Mérida".

Si la guerra de Felipe Calderón Hinojosa (aunque se ha tratado, en vano, de endosársela a todos los mexicanos) es un negocio (que lo es), falta responder a las preguntas de para quién o quiénes es negocio, y qué cifra monetaria alcanza.

Algunas estimaciones económicas.

No es poco lo que está en juego:
      (nota: las cantidades detalladas no son exactas debido a que no hay claridad en los datos gubernamentales oficiales. por lo que en algunos casos se recurrió a lo publicado en el Diario Oficial de la Federación y se completó con datos de las dependencias e información periodística seria).

of crisis and war, the consumption of luxury goods increases. Nor am I only referring to the extra pay that soldiers receive (in Chiapas, high-ranking military officials received, or receive, an extra salary of 130% for being in "a war zone"). It would be necessary to also look at the patents, the suppliers, and the international credits that aren't in the so-called "Merida Initiative."

If Felipe Calderón Hinojosa's war (even though he's tried, in vain, to get all Mexicans to endorse it) is a business (which it is), we must respond to the questions of for whom is it a business, and what monetary figure it reaches.

Some economic estimates.

It's not insignificant what's at stake:
    (note: the quantities listed are not exact due to the fact that there is not clarity in the official governmental data, which is why in some cases the source was the Official Diary of the Federation, and it was complemented by data from agencies and serious journalistic information).

En los primeros 4 años de la "guerra contra el crimen organizado" (2007-2010), las principales entidades gubernamentales encargadas (Secretaría de la Defensa Nacional —es decir: ejército y fuerza aérea-, Secretaría de Marina, Procuraduría General de la República y Secretaría de Seguridad Pública) recibieron del Presupuesto de Egresos de la Federación una cantidad superior a los 366 mil millones de pesos (unos 30 mil millones de dólares al tipo de cambio actual). Las 4 dependencias gubernamentales federales recibieron: en 2007 más de 71 mil millones de pesos; en 2008 más de 80 mil millones; en 2009 más de 113 mil millones y en 2010 fueron más de 102 mil millones de pesos. A esto habrá que sumar los más de 121 mil millones de pesos (unos 10 mil millones de dólares) que recibirán en este año del 2011.

Tan sólo la Secretaría de Seguridad Pública pasó de recibir unos 13 mil millones de pesos de presupuesto en el 2007, a manejar uno de más de 35 mil millones de pesos en el 2011 (tal vez es porque las producciones cinematográficas son más costosas).

De acuerdo al Tercer Informe de Gobierno de septiembre del 2009, al mes de junio de ese año, las fuerzas armadas federales contaban con 254, 705 elementos (202, 355 del Ejército y Fuerza Aérea y 52, 350 de la Armada.

In the first four years of the "war against organized crime" (2007-2010), the main governmental entities in charge (the National Defense Ministry–that is, army and air force–, the Navy, the Federal Attorney General's Office, and the Ministry of Public Security) received over $366 billion pesos (about $30 billion dollars at the current exchange rate) from the Federal Budget. The four federal government ministries received: in 2007 over $71 billion pesos; in 2008 over $80 billion pesos; in 2009 over $113 million pesos; and in 2010 over $102 billion pesos. Add to that the over $121 billion pesos (some $10 billion dollars) that they will receive this year in 2011.

The Ministry of Public Security alone went from receiving a budget of $13 billion pesos in 2007 to receiving one of over $35 billion pesos in 2011 (perhaps because cinematic productions are more costly).

According to the Government's Third Report in September 2009, in June of that year, the federal armed forces had 254,705 soldiers (202,355 in the Army and Air Force and 52,350 in the Navy).

En 2009 el presupuesto para la Defensa Nacional fue de 43 mil 623 millones 321 mil 860 pesos, a los que sumaron 8 mil 762 millones 315 mil 960 pesos (el 25.14% más), en total: más de 52 mil millones de pesos para el Ejército y Fuerza Aérea. La Secretaría de Marina: más de 16 mil millones de pesos: Seguridad Pública: casi 33 mil millones de pesos; y Procuraduría General de la República: más de 12 mil millones de pesos.

Total de presupuesto para la "guerra contra el crimen organizado" en 2009: más de 113 mil millones de pesos

En el año del 2010, un soldado federal raso ganaba unos 46, 380 pesos anuales; un general divisionario recibía 1 millón 603 mil 80 pesos al año, y el Secretario de la Defensa Nacional percibía ingresos anuales por 1 millón 859 mil 712 pesos.

Si las matemáticas no me fallan, con el presupuesto bélico total del 2009 (113 mil millones de pesos para las 4 dependencias) se hubieran podido pagar los salarios anuales de 2 millones y medio de soldados rasos; o de 70 mil 500 generales de división; o de 60 mil 700 titulares de la Secretaría de la Defensa Nacional.

Pero, por supuesto, no todo lo que se presupuesta va a sueldos y prestaciones. Se necesitan armas, equipos, balas… porque las que se tienen ya no sirven o son obsoletas.

"Si el Ejército mexicano entrara en combate con

In 2009 the budget for the National Defense was $43,623,321,860 pesos, to which was added $8,762,315,960 pesos (25.14% more), in total: over $52 billion pesos for the Army and the Air Force. The Navy: over $16 billion pesos; Public Security: almost $33 billion pesos; and the Federal Attorney General's Office: over $12 billion pesos.

The "war on organized crime's" total budget in 2009: over $113 billion pesos.

In 2010, an Army private earned about $46,380 pesos per year; a major general received $1,603,080 pesos per year, and the Secretary of National Defense received an annual income of $1,859,712 pesos.

If my math doesn't fail me, with 2009's total war budget ($113 billion pesos for the four ministries)the annual salaries could have been paid of 2.5 million Army privates; or of 70,500 Major Generals; or of 60,700 Secretaries of National Defense.

But, of course, not all that is budgeted goes towards salaries and benefits. Weapons, equipment, bullets are needed…because those that they already have don't work anymore or they're obsolete."

"If the Mexican Army were to engage in

sus poco más de 150 mil armas y sus 331.3 millones de cartuchos contra algún enemigo interno o externo, su poder de fuego sólo alcanzaría en promedio para 12 días de combate continuo, señalan estimaciones del Estado Mayor de la Defensa Nacional (Emaden) elaboradas por cada una de las armas al Ejército y Fuerza Aérea. Según las previsiones, el fuego de artillería de obuseros (cañones) de 105 milímetros alcanzaría, por ejemplo, para combatir sólo por 5.5 días disparando de manera continua las 15 granadas para dicha arma. Las unidades blindadas, según el análisis, tienen 2 mil 662 granadas 75 milímetros.

De entrar en combate, las tropas blindadas gastarían todos sus cartuchos en nueve días. En cuanto a la Fuerza Aérea, se señala que existen poco más de 1.7 millones de cartuchos calibre 7.62 mm que son empleados por los aviones PC-7 y PC-9, y por los helicópteros Bell 212 y MD-530. En una conflagración, esos 1.7 millones de cartuchos se agotarían en cinco días de fuego aéreo, según los cálculos de la Sedena. La dependencia advierte que los 594 equipos de visión nocturna y los 3 mil 95 GPS usados por las Fuerza Especiales para combatir a los cárteles de la droga, "ya cumplieron su tiempo de servicio".

Las carencias y el desgaste en las filas del Ejército y Fuerza Aérea son patentes y alcanzan

*combat with its over 150,000 weapons and its
331.3 million cartridges against an internal or
external enemy, its firepower would only last on
average 12 days of continuous combat, according
to the Joint Chiefs of Staff's estimates for the
Army's and Air Force's weapons. According to the
predictions, the gunfire from 105mm howitzers
(artillery) would last, for example, 5.5 days of
combat if that weapon's 15 grenades were shot
continuously. The armored units, according to the
analysis, have 2,662 75mm grenades.*

*In combat, the armored troops would use up
all of their rounds in nine days. In the Air Force,
it is said that there are a little over 1.7 million
7.62mm cartridges that are used by the PC-7 and
PC-9 planes, and by the Bell 212 and MD-530
helicopters. In a war, those 1.7 million cartridges
would be used up in five days of aerial fire,
according to the Ministry of National Defense's
calculations. The Ministry warns that the 594
night vision goggles and the 3,095 GPS used by the
Special Forces to combat drug cartels "have already
completed their service."*

*The shortages and the wear in the Army
and Air Forces' ranks are evident and have*

niveles inimaginados en prácticamente todas las áreas operativas de la institución. El análisis de la Defensa Nacional señala que los goggles de visión nocturna y los GPS tienen entre cinco y 13 años de antigüedad, y "ya cumplieron su tiempo de servicio". Lo mismo ocurre con los "150 mil 392 cascos antifragmento" que usan las tropas. El 70% cumplió su vida útil en 2008, y los 41 mil 160 chalecos antibala lo harán en 2009. (…).

En este panorama, la Fuerza Aérea resulta el sector más golpeado por el atraso y dependencia tecnológicos hacia el extranjero, en especial de Estados Unidos e Israel. Según la Sedena, los depósitos de armas de la Fuerza Aérea tienen 753 bombas de 250 a mil libras cada una. Los aviones F-5 y PC-7 Pilatus usan esas armas. Las 753 existentes alcanzan para combatir aire-tierra por un día. Las 87 mil 740 granadas calibre 20 milímetros para jets F-5 alcanzan para combatir a enemigos externos o internos por seis días. Finalmente, la Sedena revela que los misiles aire-aire para los aviones F-5, es de sólo 45 piezas, lo cual representan únicamente un día de fuego aéreo." Jorge Alejandro Medellín en "El Universal", México, 02 de enero de 2009.

reached unimaginable levels in practically all of the institution's operative areas. The National Defense [Ministry's] analysis states that the night vision goggles and the GPS are between five and thirteen years old, and "they have already completed their service." The same goes for the "150,392 combat helmets" that the troops use. 70% reached their estimated lifespan in 2008, and the 41,160 bulletproof vests will do so in 2009. (…).

In this panorama, the Air Force is the sector most affected by technological backwardness and overseas dependency, on the United States and Israel in particular. According to the National Defense Ministry, the Air Force's arms depots have 753 bombs that weigh 250-1,000 lbs. each. The F-5 and PC-7 Pilatus planes use those weapons. The 753 that are in existence would last in air-to-land combat for one day. The 87,740 20mm grenades for F-5 jets would combat internal or external enemies for six days. Finally, the National Defense Ministry reveals that the air-to-air missiles for the F-5 planes only number 45, which represents only one day of aerial fire." — Jorge Alejandro Medellín in "El Universal", Mexico, January 2, 2009.

Esto se conoce en 2009, 2 años después del inicio de la llamada "guerra" del gobierno federal. Dejemos de lado la pregunta obvia de cómo fue posible que el jefe supremo de las fuerzas armadas, Felipe Calderón Hinojosa, se lanzara a una guerra ("de largo aliento" dice él) sin tener las condiciones materiales mínimas para mantenerla, ya no digamos para "ganarla". Entonces preguntémonos: ¿Qué industrias bélicas se van a beneficiar con las compras de armamento, equipos y parque?

Si el principal promotor de esta guerra es el imperio de las barras y las turbias estrellas (haciendo cuentas, en realidad las únicas felicitaciones que ha recibido Felipe Calderón Hinojosa han venido del gobierno norteamericano), no hay que perder de vista que al norte del Río Bravo no se otorgan ayudas, sino que se hacen inversiones, es decir, negocios.

Victorias y derrotas.

¿Ganan los Estados Unidos con esta guerra "local"? La respuesta es: sí. Dejando de lado las ganancias económicas y la inversión monetaria en armas, parque y equipos (no olvidemos que USA es el

This was made known in 2009, two years after the federal government's so-called "war." Let's leave aside the obvious question of how it was possible that the commander-in-chief of the armed forces, Felipe Calderón Hinojosa, could launch a war ("long-term" he says) without having the minimal material conditions to sustain it, let alone "win it." So let's ask: What war industries will benefit from the sales of weapons, equipment, and vehicles?

If the main promotor of this war is the empire of stripes and cloudy stars (keeping note that, in reality the only congratulations that Felipe Calderón Hinojosa has received have come from the US government), we can't lose sight of the fact that north of the Rio Grande, help is not granted; rather, they make investments, that is, business.

Victories and defeats

Does the United States win with this "local" war? The answer is: yes. Leaving aside the economic gains and the monetary investment in weapons, vehicles, and equipment (let's not forget that the

principal proveedor de todo esto a los dos bandos contendientes: autoridades y "delincuentes" -la "guerra contra la delincuencia organizada" es un negocio redondo para la industria militar norteamericana-), está, como resultado de esta guerra, una destrucción / despoblamiento y reconstrucción / reordenamiento geopolítico que los favorece.

Esta guerra (que está perdida para el gobierno desde que se concibió, no como una solución a un problema de inseguridad, sino a un problema de legitimidad cuestionada), está destruyendo el último reducto que le queda a una Nación: el tejido social.

¿Qué mejor guerra para los Estados Unidos que una que le otorgue ganancias, territorio y control político y militar sin las incómodas "body bags" y los lisiados de guerra que le llegaron, antes, de Vietnam y ahora de Irak y Afganistán?

Las revelaciones de Wikileaks sobre las opiniones en el alto mando norteamericano acerca de las "deficiencias" del aparato represivo mexicano (su ineficacia y su contubernio con la delincuencia), no son nuevas. No sólo en el común de la gente, sino en altas esferas del gobierno y del Poder en México esto es una certeza. La broma de que es una guerra dispareja porque el crimen organizado sí está organizado y

USA is the main provider of all of this to two contenders: the authorities and the "criminals." The "war on organized crime" is a lucrative business for the North American military industry), there is, as a result of this war, a destruction/depopulation and a geopolitical reconstruction/rearrangement that benefits them.

This war (which was lost from the moment it was conceived, not as a solution to an insecurity problem, but rather a problem of questioned legitimacy) is destroying the last redoubt that the Nation had: the social fabric.

What better war for the United States than one that grants it profits, territory, and political and military control without the uncomfortable body bags and cripples that arrived, before, from Vietnam and now from Iraq and Afghanistan?

Wikileaks' revelations about high-ranking US officials' opinions about the "deficiencies" in the Mexican repressive apparatus (its ineffectiveness and its complicity with organized crime) are not new. Not only amongst the people, but also in the highest circles of government and Power in Mexico, this is a certainty. The joke that it is an unequal war because organized crime is organized and the

el gobierno mexicano está desorganizado, es una lúgubre verdad.

El 11 de diciembre del 2006, se inició formalmente esta guerra con el entonces llamado "Operativo Conjunto Michoacán". 7 mil elementos del ejército, la marina y las policías federales lanzaron una ofensiva (conocida popularmente como "el michoacanazo") que, pasada la euforia mediática de esos días, resultó ser un fracaso. El mando militar fue el general Manuel García Ruiz y el responsable del operativo fue Gerardo Garay Cadena de la Secretaría de Seguridad Pública. Hoy, y desde diciembre del 2008, Gerardo Garay Cadena está preso en el penal de máxima seguridad de Tepic, Nayarit, acusado de coludirse con "el Chapo" Guzmán Loera.

Y, a cada paso que se da en esta guerra, para el gobierno federal es más difícil explicar dónde está el enemigo a vencer.

Jorge Alejandro Medellín es un periodista que colabora con varios medios informativos -la revista "Contralínea", el semanario "Acentoveintiuno", y el portal de noticias "Eje Central", entre otros -y se ha especializado en los temas de militarismo, fuerzas armadas, seguridad nacional y narcotráfico. En octubre del 2010 recibió amenazas de muerte por un

Mexican government is disorganized is a gloomy truth.

On December 11, 2006, this war formally began with "Joint Operation Michoacan." Seven thousand soldiers from the army, the navy, and the federal police launched an offensive (commonly known as the "michoacanazo") that, when the media's euphoria passed, turned out to be a failure. The military official in charge was Gen. Manuel García Ruiz, and the man in charge of the operation was Gerardo Garay Cadena of the Ministry of Public Security. Today, and since December 2008, Gerardo Garay Cadena is imprisoned in a maximum security prison in Tepic, Nayarit, accused of colluding with "el Chapo" Guzmán Loera.

And, with each step that is taken in this war, the federal government finds it more difficult to explain where the enemy is.

Jorge Alejandro Medellín is a journalist who collaborates with various media outlets–Contralinea magazine, the weekly Acentoveintiuno, and Eje Central, amongst others–and he's specialized in militarism, armed forces, national security, and drug trafficking. In October 2010 he received death threats because of an article where he pointed to

artículo donde señaló posibles ligas del narcotráfico con el general Felipe de Jesús Espitia, ex comandante de la V Zona Militar y ex jefe de la Sección Séptima -Operaciones Contra el Narcotráfico- en el gobierno de Vicente Fox, y responsable del Museo del Enervante ubicado en las oficinas de la S-7. El general Espitia fue removido como comandante de la V Zona Militar ante el estrepitoso fracaso de los operativos ordenados por él en Ciudad Juárez y por la pobre respuesta que dio a las masacres cometidas en la ciudad fronteriza.

Pero el fracaso de la guerra federal contra la "delincuencia organizada", la joya de la corona del gobierno de Felipe Calderón Hinojosa, no es un destino a lamentar para el Poder en USA: es la meta a conseguir.

Por más que se esfuercen los medios masivos de comunicación en presentar como rotundas victorias de la legalidad, las escaramuzas que todos los días se dan en el territorio nacional, no logran convencer.

Y no sólo porque los medios masivos de comunicación han sido rebasados por las formas de intercambio de información de gran parte de la población (no sólo, pero también las redes sociales y la telefonía celular), también, y sobre todo, porque el tono de la propaganda gubernamental ha pasado del

possible between drug traffickers and Gen. Felipe de
Jesús Espitia, ex-commander of the V Military Zone
and ex-chief of the Seventh Section–Operations
against Drug Trafficking–during Vicente Fox's
administration, and in charge of the Drug Museum
located in the offices of the Seventh Section. Gen.
Espitia was removed as commander of the V
Military Zone following the tumultuous failure of
the operations he ordered in Ciudad Juarez and for
his poor response to the massacres committed in the
border city.

But the failure of the federal war against
"organized crime," the crown jewel of Felipe Calderón
Hinojosa's government, is not a destiny that the
Power in the USA laments: it is a goal to reach.

As much as corporate media tried to present
resounding successes for legality, the skirmishes that
take place every day in the nation's territory aren't
convincing.

And not just because the corporate media
have been surpassed by the forms of information
exchange used by a large portion of the population
(not only, but also the social networks and cell
phones), also, and above all, because the tone of the
government's propaganda has passed from an attempt

intento de engaño al intento de burla (desde el "aunque no lo parezca vamos ganando" hasta lo de "una minoría ridícula", pasando por las bravatas de cantina del funcionario en turno).

Sobre esta otra derrota de la prensa, escrita y de radio y televisión, volveré en otra misiva. Por ahora, y respecto al tema que ahora nos ocupa, basta recordar que el "no pasa nada en Tamaulipas" que era pregonado por las noticias (marcadamente de radio y televisión), fue derrotado por los videos tomados por ciudadanos con celulares y cámaras portátiles y compartidos por internet.

Pero volvamos a la guerra que, según Felipe Calderón Hinojosa, nunca dijo que es una guerra. ¿No lo dijo, no lo es?

"Veamos si es guerra o no es guerra: el 5 de diciembre de 2006, Felipe Calderón dijo: "Trabajamos para ganar la guerra a la delincuencia...". El 20 de diciembre de 2007, durante un desayuno con personal naval, el señor Calderón utilizó hasta en cuatro ocasiones en un sólo discurso, el término guerra. Dijo: "La sociedad reconoce de manera especial el importante papel de nuestros marinos en la guerra que mi Gobierno encabeza contra la inseguridad...", "La lealtad y la eficacia de las Fuerzas Armadas, son una

to deceive to an attempt to mock (from the "even
though it doesn't appear as though we're winning"
to "a ridiculous minority," which pass as barroom
boasting for the president).

About this other defeat for the written,
radio, and television press, I will get back to that in
another missive. For now, and regarding the current
issue, its enough to remind people that the "nothing's
happening in Tamaulipas" that was extolled by the
media (namely radio and television), was defeated
by the videos shot by citizens with cell phones and
portable cameras and shared on the Internet.

But let's get back to the war that, according to
Felipe Calderón Hinojosa, he never said was a war.
He never said it, right?

"*Let's see if this is or isn't a war: on
December 5, 2006, Felipe Calderón said: "We
work to win the war on crime…". On December
2007, during breakfast with naval personnel, Mr.
Calderón used the term 'war' on four occasions
in a single speech. He said, "Society recognizes in
a special manner the important role our marines
play in the war my Government leads against
insecurity…", "The loyalty and the efficiency of
the Armed Forces are one of the most powerful*

de las más poderosas armas en la guerra que libramos contra ella…", "Al iniciar esta guerra frontal contra la delincuencia señalé que esta sería una lucha de largo aliento", "…así son, precisamente, las guerras…".

Pero aún hay más: el 12 de septiembre de 2008, durante la Ceremonia de Clausura y Apertura de Cursos del Sistema Educativo Militar, el autollamado "Presidente del empleo", se dio vuelo pronunciando hasta en media docena de ocasiones, el término guerra contra el crimen: "Hoy nuestro país libra una guerra muy distinta a la que afrontaron los insurgentes en el 1810, una guerra distinta a la que afrontaron los cadetes del Colegio Militar hace 161 años…" "…todos los mexicanos de nuestra generación tenemos el deber de declarar la guerra a los enemigos de México… Por eso, en esta guerra contra la delincuencia…" "Es imprescindible que todos los que nos sumamos a ese frente común pasemos de la palabra a los hechos y que declaremos, verdaderamente, la guerra a los enemigos de México…" "Estoy convencido que esta guerra la vamos a ganar…" (Alberto Vieyra Gómez. Agencia Mexicana de Noticias, 27 de enero del 2011).

Al contradecirse, aprovechando el calendario, Felipe Calderón Hinojosa no se enmienda la plana ni se corrige conceptualmente. No, lo que ocurre es que

*weapons in the war we fight...", "When I started
this frontal war against crime I stated that this
would be a long-term struggle," "...that is precisely
how wars are...".*

But there's more: on September 12, 2008,
during the the Commencement Ceremonies of the
Military Education System, the self-proclaimed
"president of employment" really shined when he
said war on crime a half a dozen times: *"Today
our country fights a war that is very different
from those that the insurgents fought in 1810, a
war that is different from that which the cadets
from the Military College fought 161 years
ago..." "...it is the duty of all of Mexicans of our
generation to declare war on Mexico's enemies...
That's why, in this war on crime..." "It is
essential that all of us who join this common
front go beyond words to acts and that we really
declare war on Mexico's enemies..." "I am
convinced that we will win this war..."* (Alberto
Vieyra Gómez. Agencia Mexicana de Noticias,
January 27, 2011).

By contradicting himself, taking advantage
of the calendar, Felipe Calderón Hinojosa neither
corrects his mistakes nor corrects himself conceptually.

las guerras se ganan o se pierden (en este caso, se pierden) y el gobierno federal no quiere reconocer que el punto principal de su gestión ha fracasado militar y políticamente.

¿Guerra sin fin? La diferencia entre la realidad... y los videojuegos.

Frente al fracaso innegable de su política guerrerista, ¿Felipe Calderón Hinojosa va a cambiar de estrategia?

La respuesta es NO. Y no sólo porque la guerra de arriba es un negocio y, como cualquier negocio, se mantiene mientras siga produciendo ganancias.

Felipe Calderón Hinojosa, el comandante en jefe de las fuerzas armadas; el ferviente admirador de José María Aznar; el autodenominado "hijo desobediente"; el amigo de Antonio Solá; el "ganador" de la presidencia por medio punto porcentual de la votación emitida gracias a la alquimia de Elba Esther Gordillo; el de los desplantes autoritarios más bien cercanos al berrinche ("o bajan o mando por ustedes"); el que quiere tapar con más sangre la de los niños asesinados en la Guardería ABC,

No, what happens is that wars are won or lost (in this case, lost) and the federal government doesn't want to recognize that the central focus of this administration has failed militarily and politically.

Endless war? The difference between reality… and videogames.

Faced with the undeniable failure of his warmongering policies, will Felipe Calderón Hinojosa change his strategy?

The answer is NO. And not just because war from above is a business, and like any other business, it is maintained as long as it is profitable.

Felipe Calderón de Hinojosa, the commander-in-chief of the armed forces, the fervent admirer of José María Aznar, the self-proclaimed "disobedient son," the friend of Antonio Solá, the "winner" of the presidential elections by a half a percentage point thanks to Elba Esther Gordillo's alchemy, the man of authoritarian rudeness that is close to a tantrum ("Get down here or I'll make them bring you down here!", he who wants to cover up the murdered children in the ABC Daycare Center in Hermosillo,

en Hermosillo, Sonora; el que ha acompañado su guerra militar con una guerra contra el trabajo digno y el salario justo; el del calculado autismo frente a los asesinatos de Marisela Escobedo y Susana Chávez Castillo; el que reparte etiquetas mortuorias de "miembros del crimen organizado" a los niños y niñas, hombres y mujeres que fueron y son asesinados porque sí, porque les tocó estar en el calendario y la geografía equivocados, y no alcanzan siquiera el ser nombrados porque nadie les lleva la cuenta ni en la prensa, ni en las redes sociales.

Él, Felipe Calderón Hinojosa, es también un fan de los videojuegos de estrategia militar.

Felipe Calderón Hinojosa es el "gamer" *"que en cuatro años convirtió un país en una versión mundana de The Age of Empire -su videojuego preferido-, (...) un amante -y mal estratega- de la guerra"* (Diego Osorno en "Milenio Diario", 3 de octubre del 2010).

Es él que nos lleva a preguntar: ¿está México siendo gobernado al estilo de un videojuego? (creo que yo sí puedo hacer este tipo de preguntas comprometedoras sin riesgo a que me despidan por faltar a un "código de ética" que se rige por la publicidad pagada).

Felipe Calderón Hinojosa no se detendrá.

Sonora, with more blood, he who has accompanied his military war with a war on dignified work and just salaries, he who has calculated autism when faced with the murders of Marisela Escobedoand Susana Chávez Castillo, he who hands out toe tags that say "members of organized crime" to little boys and girls and men and women who were and are murdered by him because, yes, because they happened to be in the wrong calendar and the wrong geography, and they aren't even named because no one keeps track, not even the press, not even the social networks.

He, Felipe Calderón Hinojosa, is also a fan of military strategy video games.

Felipe Calderón Hinojosa is the "gamer" *"who in four years turned the country into a mundane version of The Age of Empire—his favorite videogame—,(...) a lover—and bad strategist—of war."* (Diego Osorno in Milenio, October 3, 2010).

It is he who leads us to ask: Is Mexico being governed videogame-style? (I believe that I can ask these sorts of controversial questions without them firing me for violating an "ethics code" that is determined by paid advertising).

Felipe Calderón Hinojosa won't stop. And

Y no sólo porque las fuerzas armadas no se lo permitirían (los negocios son negocios), también por la obstinación que ha caracterizado la vida política del "comandante en jefe" de las fuerzas armadas mexicanas.

Hagamos un poco de memoria: En marzo del 2001, cuando Felipe Calderón Hinojosa era el coordinador parlamentario de los diputados federales de Acción Nacional, se dio aquel lamentable espectáculo del Partido Acción Nacional cuando se negó a que una delegación indígena conjunta del Congreso Nacional Indígena y del EZLN hicieran uso de la tribuna del Congreso de la Unión en ocasión de la llamada "marcha del color de la tierra".

A pesar de que se estaba mostrando al PAN como una organización política racista e intolerante (y lo es) por negar a los indígenas el derecho a ser escuchados, Felipe Calderón Hinojosa se mantuvo en su negativa. Todo le decía que era un error asumir esa posición, pero el entonces coordinador de los diputados panistas no cedió (y terminó escondido, junto con Diego Fernández de Cevallos y otros ilustres panistas, en uno de los salones privados de la cámara, viendo por televisión a los indígenas hacer uso de la palabra en un espacio que la clase política

not only because the armed forces won't let him
(business is business), but also for the obstinacy
that has characterized the political life of the
"commander-in-chief" of the Mexican armed
forces.

Let's remember: In March 2001, when
Felipe Calderón Hinojosa was the parliamentarian
coordinator of the National Action Party's federal
deputies [in Congress], that unfortunate spectacle
took place when the National Action Party (PAN)
did not let a joint Indigenous delegation from the
National Indigenous Congress and the EZLN
take the podium in Congress during the "March of
the Color of the Earth."

Despite the fact that he was making the
PAN out to be a racist and intolerant political
organization (which it is) by denying the Indigenous
people the right to be heard, Felipe Calderón
Hinojosa stood firm. Everything told him it was an
error to take that position, but the then-coordinator
of the PAN deputies refused to cede (and he wound
up hiding, along with Diego Fernández Cevallos
and other distinguished PAN members, in one of
the chamber's private halls, watching on television
as the Indigenous people spoke in a space that the

reserva para sus sainetes).

"Sin importar los costos políticos", habría dicho entonces Felipe Calderón Hinojosa.

Ahora dice lo mismo, aunque hoy no se trata de los costos políticos que asuma un partido político, sino de los costos humanos que paga el país entero por esa tozudez.

Estando ya por terminar esta misiva, encontré las declaraciones de la secretaria de seguridad interior de Estados Unidos, Janet Napolitano, especulando sobre las posibles alianzas entre Al Qaeda y los cárteles mexicanos de la droga. Un día antes, el subsecretario del Ejército de Estados Unidos, Joseph Westphal, declaró que en México hay una forma de insurgencia encabezada por los cárteles de la droga que potencialmente podrían tomar el gobierno, lo cual implicaría una respuesta militar estadunidense. Agregó que no deseaba ver una situación en donde soldados estadunidenses fueran enviados a combatir una insurgencia "sobre nuestra frontera… o tener que enviarlos a cruzar esa frontera" hacia México.

Mientras tanto, Felipe Calderón Hinojosa, asistía a un simulacro de rescate en un pueblo de utilería, en Chihuahua, y se subió a un avión de combate F-5, se sentó en el asiento del piloto y bromeó con un "disparen misiles".

political class reserves for its comedy sketches).

"No matter the political cost," Felipe Calderón Hinojosa would have said at the time.

Now he says the same, although now it's not about the political costs that a political party assumes, but rather the human costs that the entire country pays for that stubbornness.

At the point of ending this missive, I found the statements of the US Secretary of Homeland Security, Janet Napolitano, speculating about the possible alliances between Al Qaeda and Mexican drug cartels. One day prior, the undersecretary of the United States Army, Joseph Westphal, declared that in Mexico there is a form of insurgency lead by the drug cartels that could potentially take over the government, which would imply a US military response. He added that he didn't want to see a situation in which US soldiers were sent to fight an insurgency "on our border...or having to send them to across the border" into Mexico.

Meanwhile, Felipe Calderón Hinojosa was attending a rescue simulation in a simulated town in Chihuahua, and he boarded an F-5 combat plane and he sat in the pilot's seat and joked with a "fire missiles."

¿De los videojuegos de estrategia a los "simuladores de combate aéreo" y "disparos en primera persona"? ¿Del *Age of Empires* al HAWX?

El HAWX es un videojuego de combate aéreo donde, en un futuro cercano, las empresas militares privadas ("Private military company") han reemplazado a los ejércitos gubernamentales en varios países. La primera misión del videojuego consiste en bombardear Ciudad Juárez, Chihuahua, México, porque las "fuerzas rebeldes" se han apoderado de la plaza y amenazan con avanzar a territorio norteamericano-.

No en el videojuego, sino en Irak, una de las empresas militares privadas contratadas por el Departamento de Estado norteamericano y la Agencia Central de Inteligencia fue "Blackwater USA", que después cambió su nombre a "Blackwater Worldwide". Su personal cometió serios abusos en Irak, incluyendo el asesinato de civiles. Ahora cambió su nombre a "Xe Services LL" y es el más grande contratista de seguridad privada del Departamento de Estado norteamericano. Al menos el 90% de sus ganancias provienen de contratos con el gobierno de Estados Unidos.

El mismo día en el que Felipe Calderón Hinojosa bromeaba en el avión de combate (10 de febrero de 2011), y en el estado de Chihuahua, una niña de 8 años

From the strategy video games to the "aerial combat simulation" and "first-person shots"? From Age of Empires to HAWX?

HAWX is an aerial combat video game where, in a not-so-distant future, private military companies have replaced governmental militaries in various countries. The video game's first mission is to bomb Ciudad Juarez, Chihuahua, Mexico, because the "rebel forces" have taken over the territory and threaten to cross into US territory—.

Not in the video game, but in Iraq, one of the private military companies contracted by the US State Department and the Central Intelligence Agency was "Blackwater USA," which later changed its name to "Blackwater Worldwide." Its personnel committed serious abuses in Iraq, including murdering civilians. Now it has changed its name to "Xe Services LLC" and is the biggest private security contractor the US State Department has. At least 90% of its profits come from contracts with the US government.

The same day that Felipe Calderón Hinojosa was joking in the combat plane (February 10, 2011), and also in the state of Chihuahua, an 8-year-old girl

murió al ser alcanzada por una bala en un tiroteo entre personas armadas y miembros del ejército.

¿Cuándo va a terminar esa guerra?

¿Cuándo aparecerá en la pantalla del gobierno federal el "game over" del fin del juego, seguido de los créditos de los productores y patrocinadores de la guerra?

¿Cuándo va poder decir Felipe Calderón "ganamos la guerra, hemos impuesto nuestra voluntad al enemigo, le hemos destruido su capacidad material y moral de combate, hemos (re) conquistado los territorios que estaban en su poder"?

Desde que fue concebida, esa guerra no tiene final y también está perdida.

No habrá un vencedor mexicano en estas tierras (a diferencia del gobierno, el Poder extranjero sí tiene un plan para reconstruir – reordenar el territorio), y el derrotado será el último rincón del agónico Estado Nacional en México: las relaciones sociales que, dando identidad común, son la base de una Nación.

Aún antes del supuesto final, el tejido social estará roto por completo.

Resultados: la Guerra arriba y la muerte abajo.

Veamos que informa el Secretario de Gobernación federal sobre la "no guerra" de Felipe Calderón Hinojosa:

died when she was hit by a bullet from a shoot-out between armed people and members of the military.

When will this war end?

When will "Game Over" appear on the federal government's screen, followed by the credits, with the producers and sponsors of the war?

When will Felipe Calderón be able to say "we won the war, we've imposed our will upon the enemy, we've destroyed its material and moral combat abilities, we've (re)conquered the territories that were under its control"?

Ever since it was conceived, this war has no end, and it is also lost.

There will not be a Mexican victor in these lands (unlike the government, the foreign Power does have a plan to reconstruct-reorganize the territory), and the defeat will be the the last corner of the dying Nation-State in Mexico: the social relations that, providing a common identity, are the base of a Nation.

Even before the supposed end, the social fabric will be completely broken.

Results: the War above and the death below.

Let's see what the federal Ministry of the Interior reports about Felipe Calderón Hinojosa's "not-war":

"El 2010 fue el año más violento del sexenio al acumularse 15 mil 273 homicidios vinculados al crimen organizado, 58% más que los 9 mil 614 registrados durante el 2009, de acuerdo con la estadística difundida este miércoles por el Gobierno Federal. De diciembre de 2006 al final de 2010 se contabilizaron 34 mil 612 crímenes, de las cuales 30 mil 913 son casos señalados como "ejecuciones"; tres mil 153 son denominados como "enfrentamientos" y 544 están en el apartado "homicidios-agresiones". Alejandro Poiré, secretario técnico del Consejo de Seguridad Nacional, presentó una base de datos oficial elaborada por expertos que mostrará a partir de ahora "información desagregada mensual, a nivel estatal y municipal" sobre la violencia en todo el país." (Periódico "Vanguardia", Coahuila, México, 13 de enero del 2011)

Preguntemos: De esos 34 mil 612 asesinados, ¿cuántos eran delincuentes? Y los más de mil niños y niñas asesinados (que el Secretario de Gobernación "olvidó" desglosar en su cuenta), ¿también eran "sicarios" del crimen organizado? Cuando en el gobierno federal se proclama que "vamos ganando", ¿a qué cartel de la droga se refieren? ¿Cuántas decenas de miles más forman parte de esa "ridícula minoría" que es el enemigo a vencer?

Mientras allá arriba tratan inútilmente de

"2010 was the most violent year during
the current administration, accumulating 15,273
murders linked to organized crime, 58% more than
the 9,614 registered during 2009, according to
statistics published this Wednesday by the Federal
Government. From December 2006 up to the end
of 2010 34,612 murders were counted, of which
30,913 were reported as "executions"; 3,153 are listed
as "clashes" and 544 are listed as "homicides-attacks."
Alejandro Poiré, the National Security Council's
technical secretary, presented an official database
created by experts that will show, beginning now,
"monthly disaggregated information at the state and
municipal level" about violence in the whole country."
(Vanguardia, Coahuila, Mexico, January 13, 2011)

Let's ask: Of those 34,612 murders, how many
were criminals? And the more than one thousand
little boys and girls murdered (which the Secretary
of the Interior "forgot" to itemize in his account),
were they also organized crime "hitmen"? When the
federal government proclaims that "we're winning,"
against which drug cartel are they referring to? How
many tens of thousands more make up this "ridiculous
minority" that is the enemy that must be defeated?

While up there they uselessly try to tone

desdramatizar en estadísticas los crímenes que su guerra ha provocado, es preciso señalar que también se está destruyendo el tejido social en casi todo el territorio nacional.

La identidad colectiva de la Nación está siendo destruida y está siendo suplantada por otra.

Porque *"una identidad colectiva no es más que una imagen que un pueblo se forja de sí mismo para reconocerse como perteneciente a ese pueblo. Identidad colectiva es aquellos rasgos en que un individuo se reconoce como perteneciente a una comunidad. Y la comunidad acepta este individuo como parte de ella. Esta imagen que el pueblo se forja no es necesariamente la perduración de una imagen tradicional heredada, sino que generalmente se la forja el individuo en tanto pertenece a una cultura, para hacer consistente su pasado y su vida actual con los proyectos que tiene para esa comunidad.*

Entonces, la identidad no es un simple legado que se hereda, sino que es una imagen que se construye, que cada pueblo se crea, y por lo tanto es variable y cambiante según las circunstancias históricas". (Luis Villoro, noviembre de 1999, entrevista con Bertold Bernreuter, Aachen, Alemania).

En la identidad colectiva de buena parte del territorio nacional no está, como se nos quiere hacer creer,

down this war's murders with statistics, it is important to note that the social fabric is also being destroyed in almost all of the national territory.

The Nation's collective identity is being destroyed and it is being supplanted by another.

Because "*a collective identity is no more than an image that a people forges of itself in order to recognize itself has belonging to that people. Collective identity is those features in which an individual recognizes himself or herself as belonging to a community. And the community accepts this individual as part of it. This image that the people forge is not necessarily the persistence of an inherited traditional image, but rather, generally it is forged by the individual insofar as s/he belongs to a culture, to make his/her past and current life consistent wit the projects that s/he has for that community.*

So identity is not a mere legacy that is inherited, rather, it is an imagine that is constructed, that each people creates, and therefore is variable and changeable according to historical circumstances." (Luis Villoro, November 1999, interview with Bertold Bernreuter, Aachen, Germany).

In a good part of the national territory's collective identity, there is no (as they wish us to

la disputa entre el lábaro patrio y el narco-corrido (si no se apoya al gobierno entonces se apoya a la delincuencia, y viceversa).

No.

Lo que hay es una imposición, por la fuerza de las armas, del miedo como imagen colectiva, de la incertidumbre y la vulnerabilidad como espejos en los que esos colectivos se reflejan.

¿Qué relaciones sociales se pueden mantener o tejer si el miedo es la imagen dominante con la cual se puede identificar un grupo social, si el sentido de comunidad se rompe al grito de "sálvese quien pueda"?

De esta guerra no sólo van a resultar miles de muertos… y jugosas ganancias económicas.

También, y sobre todo, va a resultar una nación destruida, despoblada, rota irremediablemente.

III.- ¿NADA QUÉ HACER?

A quienes sacan sus mezquinas sumas y restas electorales en esta cuenta mortal, les recordamos:

Hace 17 años, el 12 de enero de 1994, una gigantesca movilización ciudadana (ojo: sin jefes,

believe) dispute between the national anthem and the
narco-ballad (if you don't support the government
you support organized crime, and vice-versa.

No.

What exists is an imposition, by the force of
weapons, of fear as a collective image, of uncertainty
and vulnerability as mirrors in which those
collectives are reflected.

What social relationships can be maintained
or woven if fear is the dominant image which which
a social group can identify itself, if the sense of
community is broken by the cry "Save yourself if you
can"?

The results of this war won't only be
thousands of dead... and juicy economic gains.

Also, and above all, it will result in a nation
destroyed, depopulated, and irreversibly broken.

III. NOTHING TO BE DONE?

To those who make their petty electoral additions and
subtractions in this mortal account, we remind you:

17 years ago, on January 12, 1994, a gigantic
citizen mobilization (note: without bosses, central

comandos centrales, líderes o dirigentes) paró la guerra acá. Frente al horror, la destrucción y las muertes, hace 17 años la reacción fue casi inmediata, contundente, eficaz.

Ahora es el pasmo, la avaricia, la intolerancia, la ruindad que escatima apoyos y convoca a la inmovilidad… y la ineficacia.

La iniciativa loable de un grupo de trabajadores de la cultura ("NO MÁS SANGRE") fue descalificada desde su inicio por no "plegarse" ante un proyecto electoral, por no cumplir el mandato de esperar al 2012.

Ahora que tienen la guerra allá, en sus ciudades, en sus calles, en sus carreteras, en sus casas, ¿qué han hecho? Digo, además de "plegarse" ante quien tiene "el mejor proyecto".

¿Pedirle a la gente que espere al 2012? ¿Qué entonces sí hay que volver a votar por el menos malo y ahora sí se va a respetar el voto?

Si van más de 34 mil muertos en 4 años, son más de 8 mil muertes anuales. Es decir, ¿hay que esperar 16 mil muertos más para hacer algo?

Porque se va a poner peor. Si los punteros actuales para las elecciones presidenciales del 2012

commands, leaders or directors) stopped the war here. Faced with the horror, the destruction and the deaths, 17 years ago the reaction was almost immediate, forceful, effective.

Now it is paralysis, greed, intolerance, vileness that minimizes support and calls for immobility and... ineffectiveness.

The laudable efforts of a group of cultural workers ("NO MORE BLOOD") was disqualified from the start because it did not lend itself to an electoral project, because it did not comply with the mandate to wait for 2012.

Now that they have war over there, in their cities, on their streets, on their highways, in their homes...what have they done? I mean, besides "yield" when faced with who has "the better project."

Ask people to wait for 2012? So what, again one is told to go vote for the least worst candidate and this time the votes are going to be respected?

There's been more than 34 thousand deaths in four years, that's more than 8,000 deaths a year. That is, we have to wait for another 16,000 deaths to do something?

Things are going to get worse. The leading candidates for the presidential elections in 2012

(Enrique Peña Nieto y Marcelo Ebrard), gobiernan las entidades con mayor número de ciudadanos, ¿no es de esperar que ahí aumente la "guerra contra la delincuencia organizada" con su cauda de "daños colaterales"?

¿Qué van a hacer? Nada. Van a seguir el mismo camino de intolerancia y satanización de hace 4 años, cuando en el 2006 todo lo que no fuera a favor de López Obrador era acusado de servir a la derecha. L@s que nos atacaron y calumniaron entonces y ahora, siguen el mismo camino frente a otros movimientos, organizaciones, protestas, movilizaciones.

¿Por qué la supuesta gran organización nacional que se prepara para que en las próximas elecciones federales, ahora sí, gane un proyecto alternativo de nación, no hace algo ahora? Digo, si piensan que pueden movilizar a millones de mexicanos para que voten por alguien, ¿por qué no movilizarlos para parar la guerra y que el país sobreviva? ¿O es un cálculo mezquino y ruin? ¿Qué la cuenta de muertes y destrucción reste al oponente y sume al elegido?

Hoy, en medio de esta guerra, el pensamiento crítico vuelve a ser postergado. Primero lo primero: el

(Enrique Peña Nieto and Marcelo Ebrard), govern over the most populous regions. Shouldn't we expect that "the war against organized crime" with its tally of "collateral damage" will increase?

What will they do in the face of this? Nothing. They will continue on the same path of intolerance and demonization that they took four years ago when in 2006 everything/everyone that didn't support Lopez Obrador was accused of being a handmaiden to the right wing. Those who attacked us and slandered us, and continue to do so now, follow the same path when faced with other movements, organizations, protests, and mobilizations.

Why doesn't that great national organization that is supposedly being prepared for the next national elections, so that this time an alternative national project can "really" win, do something now? I mean, if they think they can mobilize millions of Mexicans to vote for someone why don't they mobilize them to stop this war and save this country? Or is it simply a matter of vile and selfish calculation, hoping that the sum of death and destruction will be subtracted from their opponents and tallied up by the person elected?

Today, in the midst of this war, critical thought is once again postponed. First things first,

2012 y las respuestas a las preguntas sobre los "gallos", nuevos o reciclados, para ese futuro que se desmorona desde hoy. Todo debe subordinarse a ese calendario y a sus pasos previos: las elecciones locales en Guerrero, Baja California Sur, Hidalgo, Nayarit, Coahuila, el Estado de México.

Y mientras todo se derrumba, nos dicen que lo importante es analizar los resultados electorales, las tendencias, las posibilidades. Llaman a aguantar hasta que sea el momento de tachar la boleta electoral, y de vuelta a esperar que todo se arregle y se vuelva a levantar el frágil castillo de naipes de la clase política mexicana.

¿Recuerdan que ellos se burlaron y atacaron el que desde el 2005 llamáramos a la gente a organizarse según sus propias demandas, historia, identidad y aspiraciones y no apostar a que alguien allá arriba iba a solucionar todo?

¿Nos equivocamos nosotros o ellos?

¿Quién en las principales ciudades se atreve a decir que puede salir con tranquilidad ya no en la madrugada, sino apenas anochece?

¿Quién hace suyo el "vamos ganando" del gobierno federal y ve con respeto, y no con miedo, a soldados, marinos y policías?

2012 and answers to the questions regarding the
new and recycled "cocks," for a future that is already
crumbling today. Everything should be held captive to
that calendar and to its lead up in the local elections
in Guerrero, Baja Calfornia Sur, Hidalgo, Nayarit,
Coahuila, the State of Mexico.

And while everything crashes down, they tell
us that what really matters is analyzing the electoral
results, the tendencies, the possibilities. They tell us to
grin and bear it until it's time to check off the electoral
ballot, and repeat the wait to see if things get better,
and to see if once again that fragile house of cards
known as the Mexican political class can rebuild itself.

Remember how they attacked and laughed at
the fact that since 2005 we called on people to organize
themselves according to their own demands, identities,
and goals, and not to bet on the likelihood that
someone up there was going to solve everything?

Who got it wrong? Us or them?

Who in any major city can today dare say that
they can go out with peace of mind, not in the early
morning, but as soon as it gets dark?

Who endorses the "we are winning" of the
federal government and views soldiers, sailors and
police with respect, and not with fear?

310 | *Apuntes sobre las Guerras (2011)*

¿Quiénes son los que se despiertan ahora sin saber si van a estar vivos, sanos o libres al finalizar el día que comienza?

¿Quiénes no pueden ofrecer a la gente una salida, una alternativa, que no sea esperar a las próximas elecciones?

¿Quiénes no pueden echar a andar una iniciativa que realmente prenda localmente, no digamos a nivel nacional?

¿Quiénes se quedaron solos?

Porque al final, quienes van a permanecer serán quienes resistieron; quienes no se vendieron; quienes no se rindieron; quienes no claudicaron; quienes entendieron que las soluciones no vienen de arriba, sino que se construyen abajo; quienes no apostaron ni apuestan a las ilusiones que vende una clase política que tiene tiempo que apesta como un cadáver; quienes no siguieron el calendario de arriba ni adecuaron su geografía a ese calendario convirtiendo un movimiento social en una lista de números de credenciales del IFE; quienes frente a la guerra no se quedaron inmóviles, esperando el nuevo espectáculo malabarista de la clase política en la carpa circense electoral, sino que construyeron una alternativa social, no individual, de libertad, justicia, trabajo y paz.

Who are the ones who wake up not knowing if they are going to be alive, healthy, or free, by the end of the day?

Who are the ones who can't offer the people an alternative that doesn't consist of waiting for the next elections?

Who are the ones who can't put into practice any initiatives that really takes hold locally let alone nationally?

Who are the ones who were left alone?

Because in the end, those that will survive are those who resisted; those who did not sell out, those who did not stop fighting, those who did not give up, those who understood that solutions don't come from above, they are built from below, those who never bet on, and never will bet on the hopes and dreams sold to them by a political class that for some time now reeks like a cadaver, those who didn't follow the calendar of those above and didn't reorganize their geographies to that calendar by converting a social movement into a list of electoral voting card numbers, those who in the face of this war were not immobilized, waiting for the next tight wire act in the circus tent of electoral politics, but instead decided to construct a social, not an individual, alternative, made up of liberty, justice, work, and peace.

IV.- LA ÉTICA Y NUESTRA
OTRA GUERRA.

Antes hemos dicho que la guerra es inherente al capitalismo y que la lucha por la paz es anticapitalista.

Usted, Don Luis, ha dicho también antes que "la moralidad social constituye sólo un primer nivel, precrítico, de la ética. La ética crítica empieza cuando el sujeto se distancia de las formas de moralidad existentes y se pregunta por la validez de sus reglas y comportamientos. Puede percatarse de que la moralidad social no cumple las virtudes que proclama"

¿Es posible traer la Ética a la guerra? ¿Es posible hacerla irrumpir por entre desfiles castrenses, grados militares, retenes, operativos, combates, muertes? ¿Es posible traerla a cuestionar la validez de las reglas y comportamientos militares?

¿O el planteamiento de su posibilidad no es más que un ejercicio de especulación filosófica?

Porque tal vez la inclusión de ese "otro" elemento en la guerra sólo sería posible en una paradoja. Incluir la ética como factor determinante

IV. ETHICS AND OUR
OTHER WAR

We have said before that war is inherent to capitalism
and that the struggle for peace is anticapitalist.

You, Don Luis have also said, "social morality
constitutes only a first, precritical level of ethics.
Critical ethics begins when the subject separates
itself from the forms of morality that are in force and
actually questions the validity of its rules and actions.
From this angle it can be seen that social morality
doesn't live up to the virtues it claims for itself."

Is it possible to bring Ethics to war? Is it
possible to make it break through military parades,
military ranks, checkpoints, operations, combats,
deaths? Is it possible to bring it to question the
validity of military rules and behavior?
Or is the mere thought of this possibility just an
exercise in philosophical speculation?

Because perhaps the inclusion of that "other"
element in the war would only be possible in a
paradox. Including ethics as a determining factor in a
conflict would bring about a radical recognition: the

314 | *Apuntes sobre las Guerras (2011)*

de un conflicto traería como consecuencia un reconocimiento radical: el contrincante sabe que el resultado de su "triunfo" será su derrota.

Y no me refiero a la derrota como "destrucción" o "abandono", sino a la negación de la existencia como fuerza beligerante. Esto es, una fuerza hace una guerra que, si la gana, significará su desaparición como fuerza. Y si la pierde igual, pero nadie hace una guerra para perderla (bueno, Felipe Calderón Hinojosa sí).

Y aquí está la paradoja de la guerra zapatista: si perdemos, ganamos; y si ganamos, ganamos. La clave está en que la nuestra es una guerra que no pretende destruir al contrario en el sentido clásico.

Es una guerra que trata de anular el terreno de su realización y las posibilidades de los contrincantes (nosotros incluidos).

Es una guerra para dejar de ser lo que ahora somos y así ser lo que debemos ser.

Esto ha sido posible porque reconocemos al otro, a la otra, a lo otro, que, en otras tierras de México y del Mundo, y sin ser iguales a nosotros, sufren los mismos dolores, sostienen resistencias semejantes, que luchan por una identidad múltiple que no anule, avasalle, conquiste, y que anhelan un mundo sin ejércitos.

opponent knows that the result of its "triumph" will be its defeat.

And I am not referring to defeat as "destruction" or "abandonment" but rather to the negation of its existence as a fighting force. That is, a force makes war and if it wins it will mean its disappearance as a force. If it loses the consequences will be the same, but no one makes war with the idea of losing it (well, Felipe Calderon does).

And this is the paradox of Zapatista war: if we lose, we win, and if we win, we win. The key here is that ours is not a war that intends to destroy our opponent in the classical sense.

It is a war that attempts to eliminate the grounds for its realization as well as the possibility for the existence of the opponents (us included).

It is a war so that we may cease to be who we are so that we can be who we should be.

This has been possible because we recognize the other, the others, who in different lands of Mexico and the world, and without being the same as us, suffer the same pain we do, carry on a similar resistance, that struggle for a multiple identity that won't annihilate, dominate or conquer, and who desire a world without armies.

Hace 17 años, el 1 de enero de 1994, se hizo visible la guerra contra los pueblos originarios de México.

Mirando la geografía nacional en este calendario, nosotros recordamos:

¿No éramos nosotros, los zapatistas, los violentos? ¿No se nos acusó a nosotros de pretender partir el territorio nacional? ¿No se dijo que nuestro objetivo era destruir la paz social, minar las instituciones, sembrar el caos, promover el terror y acabar con el bienestar de una Nación libre, independiente y soberana? ¿No se señaló hasta el hartazgo que nuestra demanda de reconocimiento a los derechos y la cultura indígenas socavaba el orden social?

Hace 17 años, el 12 de enero de 1994, una movilización civil, sin pertenencia política definida, nos demandó intentar el camino del diálogo para resolver nuestras demandas.

Nosotros cumplimos.

Una y otra vez, a pesar de la guerra en contra nuestra, insistimos en iniciativas pacíficas.

Durante años hemos resistido ataques militares, ideológicos y económicos, y ahora el silencio sobre lo que acá ocurre.

En las condiciones más difíciles no sólo no nos

Seventeen years ago, on January 1, 1994, the war against the originary peoples of Mexico became visible.

Looking at our national geography from the point of view of this calendar, we remember:

Weren't we, the Zapatistas, the violent ones? Didn't people accuse us of trying to divide our national territory? Wasn't it said that our objective was to destroy the peace, undermine the institutions, sow chaos, promote terror, and put an end to the well being of a free, independent, and sovereign nation? Didn't people say, to the point of nausea, that our demand for the recognition of our rights and cultures as Indigenous people would destroy the social order?

17 years ago, on January 12, 1994, a civilian mobilization, without any clear political affiliations, demanded that we attempt the path of dialogue in order to have our demands met.

We lived up to our part.

Again and again, despite the war against us, we insisted on peaceful initiatives.

For years we have resisted military, ideological and economic attacks, and today we resist the silence about what is happening here.

Under the most difficult conditions not only

rendimos, ni nos vendimos, ni claudicamos, también construimos mejores condiciones de vida en nuestros pueblos.

Al principio de esta misiva dije que la guerra es una vieja conocida de los pueblos originarios, de los indígenas mexicanos.

Más de 500 años después, más de 200 años después, más de 100 años después, y ahora con ese otro movimiento que reclama su múltiple identidad comunal, decimos:

Aquí estamos.

Tenemos identidad.

Tenemos sentido de comunidad porque ni esperamos ni suspiramos porque vinieran de arriba las soluciones que necesitamos y merecemos.

Porque no sujetamos nuestro a andar a quien hacia arriba mira.

Porque, manteniendo la independencia de nuestra propuesta, nos relacionamos con equidad con lo otro que, como nosotros, no sólo resiste, también se ha ido construyendo una identidad propia que le da pertenencia social, y ahora también le representa la única oportunidad sólida de supervivencia al desastre.

Nosotros somos pocos, nuestra geografía es limitada, somos nadie.

did we not surrender, nor sell out, nor give up, we actually created better living conditions for our peoples.

At the beginning of this letter I said that war is an old acquaintance for the Indigenous peoples, the Indigenous Mexicans.

More than 500 years later, more than 200 years later, more than 100 years later, and now with that other movement that claims its multiple communal identity, we say:

Here we are.

We have identity.

We have a sense of community because we neither wait nor are wishful for the solutions we need and deserve to come from above.

Because we do not subject our walk to those who gaze above.

Because, maintaining the independence of our proposal, we relate equitably with the other that, like us, not only resists, has also been building its own identity that gives it social belonging, and now also represents the only solid opportunity for surviving disaster.

We are few, our geography is limited. We are no one.

Somos pueblos originarios dispersos en la geografía y el calendario más distantes.

Nosotros somos otra cosa.

Somos pocos y nuestra geografía es limitada.

Pero en nuestro calendario no manda la zozobra.

Nosotros sólo nos tenemos a nosotros mismos.

Tal vez es poco lo que tenemos, pero no tenemos miedo.

Vale, Don Luis. Salud y que la reflexión crítica anime nuevos pasos.

Desde las montañas del Sureste Mexicano.

Subcomandante Insurgente Marcos
México, Enero-Febrero del 2011

We are originary peoples dispersed among the most distant geographies and calendars.

We are something other.

We are few and our geography is limited.

But in our calendar, fear doesn't rule.

We only have we ourselves.

Perhaps that is not a lot to have, but we are not afraid.

Vale Don Luis. Health to you and to critical reflection opening new paths.

From the Mountains of Southeastern Mexico.

Subcomandante Insurgente Marcos.
January–February 2011

Una lección y una esperanza

RESPUESTA DE LUIS VILLORO A LA PRIMERA CARTA DEL SUBCOMANDANTE MARCOS

(febrero de 2011)

Para Subcomandante Insurgente Marcos
De Luis Villoro

Febrero de 2011

He aceptado con gran gusto e interés este intercambio de escritos. Comparto la preocupación por la situación por la que atraviesa nuestro país y admiro, desde hace tiempo, lo que está realizando el movimiento zapatista.

En 1992, dos años antes del levantamiento zapatista, tuve la oportunidad de escribir un librito

A Lesson and a Hope

LUIS VILLORO'S RESPONSE TO SUBCOMANDANTE MARCOS' FIRST LETTER
(February 2011)

For Subcomandante Insurgente Marcos
From Luis villoro

February 2011

I have accepted this exchange of writings with great pleasure and interest. I share the concern about the situation our country is going through and I have long admired what the Zapatista movement is doing.

In 1992, two years before the Zapatista uprising, I had the opportunity to write a little

intitulado El Pensamiento Moderno. Filosofía
del Renacimiento, edición del Fondo de Cultura
Económica. Al releerlo, ahora, constaté grandes
afinidades con lo que el EZLN habría de decir y
hacer más adelante, con lo cual se confirman nuestras
coincidencias desde el principio. Lo que entonces
pensaba se ha vuelto hoy más pertinente y urgente que
nunca: la ética y la justicia han de estar en el centro de
la vida social. No debemos permitir que políticos de
todo el espectro ideológico las expulsen de ahí y las
conviertan en meras frases de discurso.

Empezaré primero por mencionar la situación
actual: el dominio del capitalismo mundial. Éste
controla, con algunas excepciones, las políticas
económicas que determinan la vida de las grandes
mayorías así como los medios de comunicación
que pretenden justificarlas. Expresa, en suma, un
pensamiento de dominación.

Se trata, en efecto, de una guerra establecida
desde el poder. Se supone que está dirigida contra el
narcotráfico y contra el crimen organizado, pero es una
guerra de quienes detentan el poder económico sin
más proyecto que acrecentar las ganancias del capital.

Guerra desde arriba, muerte abajo, como
usted lo afirma. Se expresa en un pensamiento de

book entitled Modern Thought. Philosophy of the
Renaissance, edition of the Economic Culture Fund.
When I reread it now, I confirmed great affinities
with what the EZLN would say and do later, which
confirms our coincidences from the beginning. What
I thought then has become more pertinent and
urgent today than ever: ethics and justice must be at
the center of social life. We must not allow politicians
from across the ideological spectrum to expel them
from there and turn them into mere phrases of
speech.

I will begin first by mentioning the current
situation: the dominance of world capitalism.
This controls, with some exceptions, the
economic policies that determine the lives of the
vast majority as well as the media that seek to
justify them. It expresses, in short, a thought of
domination.

It is, in effect, a war established by power.
It is supposedly directed against drug trafficking
and organized crime, but it is a war of those who
hold economic power with no other project than to
increase capital profits.

War from above, death below, as you say. It
is expressed in a thought of domination that could

dominación que efectivamente podría conducir a la destrucción del tejido social, esencia de toda sociedad.

Esa es, en resumen, la situación mundial. Sin embargo, podemos señalar lugares en donde se vislumbra el inicio de un camino hacia un mundo mejor. Es esa una de las principales razones de que su experiencia siga siendo tan importante. Ahí, en Chiapas, a partir de antiguas raíces indígenas, sus propias cosmovisiones y sus particulares maneras de nombrar el mundo, ustedes han demostrado la posibilidad de realización de valores incluso opuestos. Mientras en el capitalismo rige el individualismo (los sacrosantos derechos individuales) en esta alternativa surge otro tipo de valores: valores comunitarios que respetan a la persona en su individualidad y se realizan en una comunidad. Se manifiesta así, con toda claridad, una "ética del bien común".

En esas comunidades pequeñas, en el sureste mexicano, existe una nueva organización política: las llamadas "Juntas de Buen Gobierno" (JBG) que tratan de realizar valores éticos diferentes y aún opuestos a los del capitalismo. Son valores colectivos basados en la idea de comunidad o comunalidad. Frente al individualismo occidental moderno propicia la propiedad común que florece frente a la

effectively lead to the destruction of the social fabric, the essence of every society.

That is, in summary, the world situation. However, we can point out places where we can glimpse the beginning of a path towards a better world. That is one of the main reasons why your experience continues to be so important. There, in Chiapas, based on ancient Indigenous roots, your own worldviews and your particular ways of naming the world, you have demonstrated the possibility of realizing even opposing values. While in capitalism individualism governs (the sacrosanct individual rights), in this alternative another type of values emerges: community values that respect the person in their individuality and are realized in a community. Thus, an "ethics of the common good" is clearly manifested.

In these small communities, in the Mexican southeast, there is a new political organization: the so-called "Good Government Councils" (JBG) that try to realize ethical values that are different and even opposed to those of capitalism. They are collective values based on the idea of community or communality. In the face of modern Western individualism, it promotes common property that

328 | *Apuntes sobre las Guerras (2011)*

propiedad privada.

En el orden jurídico, nos da también una lección: frente al castigo de prisión opta por la asignación de un trabajo en beneficio de la comunidad para purgar la pena, a diferencia del encierro en nuestras sociedades.

En suma, contra el individualismo moderno, podría apelarse a otra tradición anterior subsistente en Indoamérica, la tradición comunitaria. Éste es un ejemplo de que otro mundo es posible frente a la modernidad occidental.

Otro ejemplo que marca una diferencia sustancial con Occidente, en lo que a valores se refiere, es su manejo de los conceptos contrarios tales como vencedor-vencido, bueno-malo, etc. Lo explica muy bien la paradoja de la guerra zapatista que usted, Sup Marcos, señala al final de su escrito y que pone en claro que el objetivo no es vencer destruyendo al enemigo, pues, en realidad, en las guerras no puede hablarse de vencedor o vencido ya que, desde el punto de vista humano, las muertes, la sangre derramada y la destrucción material, ambos bandos resultan perdedores.

Y esto sin hablar de los sobrevivientes. Como usted lo aclara: "La clave está en que la nuestra es una guerra que no pretende destruir al contrario en el

flourishes in the face of private property.

In the legal order, it also gives us a lesson: in the face of prison punishment, it opts for the assignment of a job for the benefit of the community to serve the sentence, unlike confinement in our societies.

In short, against modern individualism, one could appeal to another previous tradition subsisting in Indo-America, the community tradition. This is an example that another world is possible in the face of Western modernity.

Another example that marks a substantial difference with the West, as far as values are concerned, is its handling of contrary concepts such as winner-defeated, good-bad, etc. It explains very well the paradox of the Zapatista war that you, Sup Marcos, point out at the end of your writing and that makes it clear that the objective is not to win by destroying the enemy, since, in reality, in wars one cannot speak of a winner. or defeated since, from a human point of view, the deaths, the blood shed and the material destruction, both sides are losers.

And this is without talking about the survivors. As you clarify: "The key is that ours is a war that does not aim to destroy the opponent in

sentido clásico. Es una guerra que trata de anular el terreno de su realización y las posibilidades de los contrincantes (nosotros incluidos)".

Con referencia al tema del Estado nacional, cuya crisis se advertía ya desde hace décadas, –como lo constato en la p.153 de mi mencionado libro– "resultaba claro que los problemas planetarios de entonces sobrepasaban su capacidad de resolverlos y, por otro lado, no podía enfrentar las complejas demandas diversificadas de las comunidades particulares, tales como la creciente actividad de nacionalidades, etnias, comunidades y grupos sociales que afirmaban su identidad y exigían el derecho de la diversidad dentro de la igualdad" (palabras, estas últimas, que muestran una indudable afinidad con los postulados zapatistas).

"Con ello se anunciaba un cambio profundo en la manera de considerar el puesto del hombre en el orden social, mismo que ya no se configuraría como resultado de la voluntad mayoritaria de individuos iguales sino de la interrelación compleja entre comunidades y grupos heterogéneos. El poder político se justificaría si consagrare, a la vez que la igualdad, la diferencia." (Ídem)

En cuanto al tan reiterado tema de "los

the classic sense. It is a war that tries to nullify the terrain of its realization and the possibilities of the opponents (including us)."

With reference to the issue of the Nation-State, whose crisis had already been noted for decades, – as I stated on page 153 of my aforementioned book – "it was clear that the planetary problems of that time exceeded its capacity to resolve them and, on the other hand, could not face the complex diversified demands of particular communities, such as the growing activity of nationalities, ethnicities, communities and social groups that affirmed their identity and demanded the right of diversity within equality" (words, the latter, that show an undoubted affinity with the Zapatista postulates).

"This announced a profound change in the way of considering man's position in the social order, which would no longer be configured as a result of the majority will of equal individuals but of the complex interrelation between communities and heterogeneous groups. "Political power would be justified if it consecrated, at the same time as equality, difference." (Idem)

Regarding the oft-repeated issue of "human

derechos humanos que condensan el derecho de cada persona a realizarse plenamente, parecen ignorar que la persona no puede realizarse en soledad; luego implican el reconocimiento de los valores específicos de cada grupo y comunidad; implican, por ejemplo, el derecho de las etnias al desarrollo autónomo de su cultura y de sus formas de vida" (p.154) justamente el motivo que dio lugar a la histórica marcha del color de la tierra en 2001, cuyo desafortunado y vergonzoso desenlace usted también menciona en su misiva.

Sin embargo, los indiscutibles avances que hemos podido ver en nuestras diversas visitas a los Caracoles zapatistas (sedes de las JBG) desde 2003, fruto del ejercicio de su autonomía aplicada a los campos de la educación, salud y auto-gobierno, muestra que otro tipo de relación humana es posible donde la fraternidad, el respeto y la confianza imperan. Y donde es posible ejercer otro tipo de democracia más auténtica: la participativa, que tanto dista de la representativa que nosotros conocemos.

En cuanto a los procesos electorales y los partidos políticos, puedo decir que no tengo ninguna confianza. Puesto que se trata de ética y justicia,

rights that encapsulate the right of each person to fully realize themselves, they seem to ignore that the person cannot realize themselves alone; then they imply the recognition of the specific values of each group and community; They imply, for example, the right of ethnic groups to the autonomous development of their culture and their ways of life" (p.154), precisely the reason that gave rise to the historic march of the color of the earth in 2001, whose unfortunate and shameful outcome you also mention in your letter.

However, the indisputable advances that we have been able to see in our various visits to the Zapatista Caracoles (headquarters of the JBG) since 2003, fruit of the exercise of their autonomy applied to the fields of education, health and self-government, show that another type of human relationship is possible where brotherhood, respect and trust prevail. And where it is possible to exercise another, more authentic type of democracy: participatory, which is so far from the representative democracy that we know.

Regarding the electoral processes and political parties, I can say that I have no confidence. Since it is about ethics and justice, since what is

puesto que lo necesario es encarnar los valores que nos sustentan, no puedo depositar mi esperanza en quienes interminablemente disputan por sus pequeñas parcelas de poder y abandonan todo empeño serio de ocuparse del bien común.

Los logros antes mencionados en la zona zapatista, —y muy especialmente entre la juventud— muestran una realidad absolutamente distinta a lo que los medios de comunicación pretenden transmitir con su silencio acerca de este movimiento que ha despertado una impresionante solidaridad internacional. Ya bien conocemos la distorsión continua con que informan y con que ocultan el constante hostigamiento dirigido contra las comunidades y bases de apoyo, con el fin de moldear la opinión pública y borrar su capacidad crítica.

Afortunadamente con la tecnología moderna, han surgido alternativas que están cambiando dicha realidad: desde las redes sociales hasta las radios comunitarias, comprometidas en sacar a la luz lo silenciado y manipulado por los medios masivos, lo cual promete la recuperación del pensamiento crítico que hoy parece relegado a un estado de excepción.

Finalmente, puedo decir que nos queda una lección y una esperanza a quienes hemos tenido la oportunidad de seguir de cerca la resistencia

necessary is to embody the values that sustain us,
I cannot place my hope in those who endlessly
dispute for their small plots of power and abandon
all serious efforts to care for the common good.

The aforementioned achievements in the
Zapatista zone, and especially among the youth,
show a reality that is absolutely different from
what the media tries to convey with its silence
about this movement that has awakened impressive
international solidarity. We already know well the
continuous distortion with which they report and
with which they hide the constant harassment
directed against communities and support bases, in
order to shape public opinion and erase their critical
capacity.

Fortunately, with modern technology,
alternatives have emerged that are changing this
reality: from social networks to community radio
stations, committed to bringing to light what is
silenced and manipulated by the mass media, which
promises the recovery of the critical thinking that
today seems relegated to a state of exception.

Finally, I can say that there is a lesson
and hope left for those of us who have had the
opportunity to closely follow the Zapatista resistance

zapatista a lo largo de los últimos 17 años así como la transformación que han logrado en su territorio a partir de su autonomía construyendo comunidades fraternas donde el temor, que hoy invade al país entero, no tiene cabida. Esto constituye una voz de esperanza en momentos como los actuales en que la degradación y la violencia parecen haber nublado nuestro panorama.

Saludos y adelante

Luis Villoro

over the last 17 years as well as the transformation they have achieved in their territory based on their autonomy by building communities. fraternal communities where fear, which today invades the entire country, has no place. This constitutes a voice of hope in times like these when degradation and violence seem to have clouded our outlook.

Greetings and forward

Luis Villoro

A Declaration... for Life

A Declaration... for Life

Primero de Enero del año 2021.

A LOS PUEBLOS DEL MUNDO:

A LAS PERSONAS QUE LUCHAN EN LOS CINCO CONTINENTES:

HERMAN@S Y COMPAÑER@S:

Durante estos meses previos, hemos establecido contacto entre nosotr@s por diversos medios. Somos mujeres, lesbianas, gays, bisexuales, transgénero, travestis, transexuales, intersexuales, queer y más, hombres, grupos, colectivos, asociaciones, organizaciones, movimientos sociales, pueblos originarios, asociaciones barriales, comunidades y un largo etcétera que nos da identidad.

Nos diferencian y distancian tierras, cielos, montañas, valles, estepas, selvas, desiertos, océanos, lagos, ríos, arroyos, lagunas, razas, culturas, idiomas,

First of January in the year 2021.

TO THE PEOPLES OF THE WORLD:

TO THE PERSONS WHO STRUGGLE IN
THE FIVE CONTINENTS:

SIBLINGS AND COMPAÑER@S:

During these previous months, we have established contact between us by various means. We are women, lesbians, gays, bisexuals, transgender, transvestites, transsexuals, intersex, queer and more, men, groups, collectives, associations, organizations, social movements, Indigenous peoples, neighbourhood associations, communities and a long etcetera that gives us identity.

We are differentiated and separated by lands, skies, mountains, valleys, steppes, jungles, deserts, oceans, lakes, rivers, streams, lagoons, races, cultures, languages, histories, ages, geographies,

historias, edades, geografías, identidades sexuales y no, raíces, fronteras, formas de organización, clases sociales, poder adquisitivo, prestigio social, fama, popularidad, seguidores, likes, monedas, grado de escolaridad, formas de ser, quehaceres, virtudes, defectos, pros, contras, peros, sin embargos, rivalidades, enemistades, concepciones, argumentaciones, contra argumentaciones, debates, diferendos, denuncias, acusaciones, desprecios, fobias, filias, elogios, repudios, abucheos, aplausos, divinidades, demonios, dogmas, herejías, gustos, disgustos, modos, y un largo etcétera que nos hace distintos y, no pocas veces, contrarios.

Sólo nos unen muy pocas cosas:

El que hacemos nuestros los dolores de la tierra: la violencia contra las mujeres; la persecución y desprecio a los diferentes en su identidad afectiva, emocional, sexual; el aniquilamiento de la niñez; el genocidio contra los originarios; el racismo; el militarismo; la explotación; el despojo; la destrucción de la naturaleza.

El entendimiento de que es un sistema el responsable de estos dolores. El verdugo es un sistema explotador, patriarcal, piramidal, racista, ladrón y criminal: el capitalismo.

El conocimiento de que no es posible

sexual and non-sexual identities, roots, borders,
forms of organization, social classes, purchasing
power, social prestige, fame, popularity, followers,
likes, coins, educational level, ways of being,
tasks, virtues, defects, pros, cons, buts, howevers,
rivalries, enmities, conceptions, arguments,
counterarguments, debates, disputes, complaints,
accusations, contempts, phobias, philias, praises,
repudiations, boos, applauses, divinities, demons,
dogmas, heresies, likes, dislikes, ways, and a
long etcetera that makes us different and, not
infrequently, opposites.

Only very few things unite us:

That we make the pains of the earth our
own: violence against women; persecution and
contempt of those who are different in their affective,
emotional, and sexual identity; annihilation of
childhood; genocide against the native peoples;
racism; militarism; exploitation; dispossession; the
destruction of nature.

The understanding that a system is
responsible for these pains. The executioner is an
exploitative, patriarchal, pyramidal, racist, thievish
and criminal system: capitalism.

The knowledge that it is not possible to

reformar este sistema, educarlo, atenuarlo, limarlo, domesticarlo, humanizarlo.

El compromiso de luchar, en todas partes y a todas horas –cada quien en su terreno-, contra este sistema hasta destruirlo por completo. La supervivencia de la humanidad depende de la destrucción del capitalismo. No nos rendimos, no estamos a la venta y no claudicamos.

La certeza de que la lucha por la humanidad es mundial. Así como la destrucción en curso no reconoce fronteras, nacionalidades, banderas, lenguas, culturas, razas; así la lucha por la humanidad es en todas partes, todo el tiempo.

La convicción de que son muchos los mundos que viven y luchan en el mundo. Y que toda pretensión de homogeneidad y hegemonía atenta contra la esencia del ser humano: la libertad. La igualdad de la humanidad está en el respeto a la diferencia. En su diversidad está su semejanza.

La comprensión de que no es la pretensión de imponer nuestra mirada, nuestros pasos, compañías, caminos y destinos, lo que nos permitirá avanzar, sino la escucha y mirada de lo otro que, distinto y diferente, tiene la misma vocación de libertad y justicia.

reform this system, to educate it, to attenuate it, to soften it, to domesticate it, to humanize it.

The commitment to fight, everywhere and at all times – each and everyone on their own terrain – against this system until we destroy it completely. The survival of humanity depends on the destruction of capitalism. We do not surrender, we do not sell out, and we do not give up.

The certainty that the fight for humanity is global. Just as the ongoing destruction does not recognize borders, nationalities, flags, languages, cultures, races; so the fight for humanity is everywhere, all the time.

The conviction that there are many worlds that live and fight within the world. And that any pretence of homogeneity and hegemony threatens the essence of the human being: freedom. The equality of humanity lies in the respect for difference. In its diversity resides its likeness.

The understanding that what allows us to move forward is not the intention to impose our gaze, our steps, companies, paths and destinations. What allows us to move forward is the listening to and the observation of the Other that, distinct and different, has the same vocation of freedom and justice.

Por estas coincidencias, y sin abandonar nuestras convicciones, ni dejar de ser lo que somos, hemos acordado:

Primero.- Realizar encuentros, diálogos, intercambios de ideas, experiencias, análisis y valoraciones entre quienes nos encontramos empeñados, desde distintas concepciones y en diferentes terrenos, en la lucha por la vida. Después, cada quien seguirá su camino o no. Mirar y escuchar lo otro tal vez nos ayudará o no en nuestro paso. Pero conocer lo diferente, es también parte de nuestra lucha y de nuestro empeño, de nuestra humanidad.

Segundo.- Que estos encuentros y actividades se realicen en los cinco continentes. Que, en lo que se refiere al continente europeo, se concreten en los meses de Julio, Agosto, Septiembre y Octubre del año 2021, con la participación directa de una delegación mexicana conformada por el CNI-CIG, el Frente de Pueblos en Defensa del Agua y de la Tierra de Morelos, Puebla y Tlaxcala, y el EZLN. Y, en fechas posteriores por precisar, apoyar según nuestras posibilidades, para que se realicen en Asia, África, Oceanía y América.

Tercero.- Invitar a quienes comparten las mismas preocupaciones y luchas parecidas, a todas las

Due to these commonalities, and without abandoning our convictions or ceasing to be who we are, we have agreed:

First.- To carry out meetings, dialogues, exchanges of ideas, experiences, analyses and evaluations among those of us who are committed, from different conceptions and from different areas, to the struggle for life. Afterwards, each one will go their own way, or not. Looking and listening to the Other may or may not help us in our steps. But knowing what is different is also part of our struggle and our endeavour, of our humanity.

Second.- That these meetings and activities take place on the five continents. That, regarding the European continent, they take place in the months of July, August, September and October of the year 2021, with the direct participation of a Mexican delegation integrated by the CNI-CIG, the Frente de Pueblos en Defensa del Agua y de la Tierra de Morelos, Puebla y Tlaxcala, and the EZLN. And, at later dates to be specified, we will support according to our possibilities the encounters to be carried out in Asia, Africa, Oceania and America.

Third.- To invite those who share the same concerns and similar struggles, all honest people and

personas honestas y a todos los abajos que se rebelan y resisten en los muchos rincones del mundo, a que se sumen, aporten, apoyen y participen en estos encuentros y actividades; y a que firmen y hagan suya esta declaración POR LA VIDA.

Desde uno de los puentes de dignidad que unen a los cinco continentes.

Nosotr@s.

Planeta Tierra.

1 de enero del 2021.

Desde diversos, disparejos, diferentes, disímiles, desiguales, distantes
y distintos rincones del mundo (en arte, ciencia y lucha en resistencia y rebeldía)

all those belows that rebel and resist in the many
corners of the world, to join, contribute, support
and participate in these meetings and activities; and
to sign and make this statement FOR LIFE their
own.

From one of the bridges of dignity that unite the five
continents.

We.

Planet Earth.

January 1, 2021.

From diverse, uneven, different, dissimilar, unequal,
distant
and different corners of the world (in art, science, and
struggle in resistance and rebellion)

OCTUBRE DEL 2023

De siembras y cosechas

OCTOBER 2023

OF SOWINGS AND REAPINGS

EJÉRCITO ZAPATISTA DE LIBERACIÓN
NACIONAL.

MÉXICO.

Octubre del 2023.

Hace casi 15 años, en nuestra palabra se advirtió la
pesadilla. Fue en un semillero y fue por la voz del
finado SupMarcos que hablamos. Va:

De siembras y cosechas
(enero de 2009)

*Tal vez lo que voy a decir no venga al caso de lo
que es el tema central de esta reunión de mesa,
o tal vez sí.*

*Hace dos días, el mismo en el que nuestra
palabra se refirió a la violencia, la inefable Condoleezza
Rice, funcionaria del gobierno norteamericano, declaró
que lo que estaba pasando en Gaza era culpa de los
palestinos, por su naturaleza violenta.*

ZAPATISTA ARMY FOR NATIONAL
LIBERATION .

MEXICO.

October 2023.

Almost 15 years ago, in our word the nightmare was
warned. It was at a seedbed and through the voice of
the late SupMarcos we spoke. Here it goes:

Of sowings and reapings
(January 2009)

*M*aybe *what I am about to say has nothing to
do with the main theme of this roundtable,
or maybe it has.*

*Two days ago, the same day in which our
word spoke of violence, the ineffable Condoleezza
Rice, U.S. government official, declared that
what was going on in Gaza was the fault of the
Palestinians, due to their violent nature.*

Los ríos subterráneos que recorren el mundo pueden cambiar de geografía, pero entonan el mismo canto.

Y el que ahora escuchamos es de guerra y de pena.

No muy lejos de aquí, en un lugar llamado Gaza, en Palestina, en Medio Oriente, aquí al lado, un ejército fuertemente armado y entrenado, el del gobierno de Israel, continúa su avance de muerte y destrucción.

Los pasos que ha seguido son, hasta ahora, los de una guerra militar clásica de conquista: primero un bombardeo intenso y masivo para destruir puntos militares "neurálgicos" (así les dicen los manuales militares) y para "ablandar" las fortificaciones de resistencia; después el férreo control sobre la información: todo lo que se escuche y vea "en el mundo exterior", es decir, externo al teatro de operaciones, debe ser seleccionado con criterios militares; ahora fuego intenso de artillería sobre la infantería enemiga para proteger el avance de las tropas a nuevas posiciones; después será el cerco y sitio para debilitar a la guarnición enemiga; después el asalto que conquiste la posición aniquilando al enemigo, después la "limpieza" de los probables "nidos de resistencia".

The subterranean rivers that run through the world are able to change their geography, but they sing the same song.

And the one we now listen to is of war and sorrow.

Not far from here, in a place called Gaza, in Palestine, in the Middle East, right next to us, a heavily armed and trained army, the one from the Israeli government, continues its advance of death and destruction.

The steps it has followed so far are those of a classic military war of conquest: first a massive and intense bombardment to destroy "neuralgic" military posts (so they are called by military manuals) and to "soften up" resistance fortifications; then an iron grip on information: everything that is heard and seen "in the outside world", that is to say, outside of the theatre of operations must be selected according to military criteria; now intense artillery fire over enemy infantry to protect the advance of troops to their new positions: after that an encirclement and siege to weaken the enemy garrison; then an assault to conquer the position by annihilating the enemy; finally, the "cleansing" of the probable "nests of resistance".

El manual militar de guerra moderna, con algunas variaciones y agregados, está siendo seguido paso a paso por las fuerzas militares invasoras.

Nosotros no sabemos mucho de esto y, es seguro, hay especialistas sobre el llamado "conflicto en Medio Oriente", pero desde este rincón algo tenemos que decir:

Según las fotos de las agencias noticiosas, los puntos "neurálgicos" destruidos por la aviación del gobierno de Israel son casas habitación, chozas, edificios civiles.

No hemos visto ningún bunker, ni cuartel o aeropuerto militar, o batería de cañones, entre lo destruido. Entonces nosotros, disculpen nuestra ignorancia, pensamos que o los artilleros de los aviones tienen mala puntería o en Gaza no existen tales puntos militares "neurálgicos".

No tenemos el honor de conocer Palestina, pero nosotros suponemos que en esas casas, chozas y edificios habitaba gente, hombres, mujeres, niños y ancianos, y no soldados.

Tampoco hemos visto fortificaciones de resistencia, sólo escombros.

Hemos visto, sí, el hasta ahora vano esfuerzo de cerco informativo y a los distintos gobiernos del

The military manual of modern warfare, with some variations or additions, is being followed step by step by invading military forces.

We don't know much about this and, it's certain, there are specialists on the so-called "conflict in the Middle East", but from this corner, we have something to say:

According to the photos from news agencies, the "neuralgic" military posts destroyed by the Israeli government's Airforce are houses, shacks, civil buildings.

We have not seen any bunkers, barracks, military airports or cannon batteries among what has been destroyed. Then, we think, excuse our ignorance, that either the aircraft gunners have bad aim or in Gaza there are no such "neuralgic" military posts.

We don't have the honor of having visited Palestine, but we suppose that in those houses, shacks and buildings used to live people, men, women, children and elderlies, and not soldiers.

We have not seen resistance fortifications either, only debris.

What we have seen, is the so far futile effort to cordon off information and several governments

mundo dudando entre hacerse patos o aplaudir la invasión, y una ONU, ya inútil desde hace tiempo, sacando tibios boletines de prensa.

Pero esperen. Se nos ha ocurrido ahora que tal vez para el gobierno de Israel esos hombres, mujeres, niños y ancianos son soldados enemigos y, como tales, las chozas, casas y edificios donde habitan son cuarteles que hay que destruir.

Entonces seguramente los fuegos de artillería que esta madrugada caían sobre Gaza eran para proteger de esos hombres, mujeres, niños y ancianos, el avance de la infantería del ejército de Israel.

Y la guarnición enemiga a la que quieren debilitar con el cerco y sitio que se está tendiendo en torno a Gaza no es otra cosa que la población palestina que ahí vive. Y que el asalto buscará aniquilar a esa población. Y que cualquier hombre, mujer, niño o anciano que logre escapar, escondiéndose, del asalto previsiblemente sangriento, será luego "cazado" para que la limpieza se complete y el jefe militar al mando de la operación pueda reportar a sus superiores "hemos completado la misión".

Disculpen de nuevo nuestra ignorancia, tal vez lo que estamos diciendo no venga, en efecto,

of the world wavering between playing the fool or applauding the invasion, and a UN, already useless way back, publishing lukewarm press releases.

But wait. It now occurs to us that perhaps, for the Israeli government, these men, women, children and elderly people are enemy soldiers and, as such, the huts, houses and buildings where they live in are barracks that need to be destroyed.

So surely the artillery fire that fell on Gaza this morning was to protect the advancing infantry of the Israeli army from those men, women, children and the elderly.

And the enemy garrison that they want to weaken with the encirclement and siege of Gaza is none other than the Palestinian population living there. And that the assault will seek to annihilate that population. And that any man, woman, child or elderly person who manages to escape, by hiding from the predictably bloody assault, will then be "hunted down" so that the cleansing can be completed, and the military chief in command of the operation can report to his superiors "we have completed the mission."

Excuse our ignorance again, perhaps what we are saying is, in fact, beside the point. And that

al caso, o cosa, según. Y que en lugar de estar repudiando y condenando el crimen en curso, como indígenas y como guerreros que somos, deberíamos estar discutiendo y tomando posición en la discusión sobre si "sionismo" o "antisemitismo", o que en el principio fueron las bombas de Hamás.

Tal vez nuestro pensamiento es muy sencillo, y nos faltan los matices y acotaciones tan necesarios siempre en los análisis, pero, para nosotras, nosotros, zapatistas, en Gaza hay un ejército profesional asesinando a una población indefensa.

¿Quién que es abajo y a la izquierda puede permanecer callado?

-*-

¿Sirve decir algo? ¿Detienen alguna bomba nuestros gritos? Nuestra palabra, ¿salva la vida de algún niño palestino?

Nosotros pensamos que sí sirve, que tal vez no detengamos una bomba ni nuestra palabra se convierta en un escudo blindado que evite que esa bala calibre 5.56 mm o 9 mm, con las letras "IMI" ("Industria Militar Israelí") grabadas en la base del cartucho, llegue al pecho de una niña o un niño, porque tal vez nuestra palabra logre unirse

instead of repudiating and condemning the crime in progress, as Indigenous people and as warriors that we are, we should be discussing and taking a position on the discussion about whether it's "Zionism" or "anti-Semitism", or that it was the Hamas bombs that started it.

Perhaps our thoughts are very simple, and we lack the nuances and the always very necessary marginal notes in the analysis, but, for us Zapatistas, in Gaza there is a professional army assassinating a defenseless population.

Who from below and to the left can remain silent?

_*_

Is it useful to say something? Do our shouts stop any bombs? Does our word save the life of a Palestinian child?

We think that it is useful, maybe we will not stop a bomb nor will our word become an armored shield that prevents that 5.56 mm or 9 mm caliber bullet, with the letters "IMI" ("Israeli Military Industry") engraved on the base of the cartridge, from reaching the chest of a girl or a boy, but maybe our word will manage to join with others in Mexico

a otras en México y el mundo y tal vez primero se convierta en murmullo, luego en voz alta, y después en un grito que escuchen en Gaza.

No sabemos ustedes, pero nosotros y nosotras, zapatistas del EZLN, sabemos lo importante que es, en medio de la destrucción y la muerte, escuchar unas palabras de aliento.

No sé cómo explicarlo, pero resulta que sí, que las palabras desde lejos tal vez no alcanzan a detener una bomba, pero son como si se abriera una grieta en la negra habitación de la muerte y una lucecita se colara.

Por lo demás, pasará lo que de por sí va a pasar. El gobierno de Israel declarará que le propinó un severo golpe al terrorismo, le ocultará a su pueblo la magnitud de la masacre, los grandes productores de armamento habrán obtenido un respiro económico para afrontar la crisis y "la opinión pública mundial", ese ente maleable y siempre a modo, volteará a mirar a otro lado.

Pero no sólo. También va a pasar que el pueblo Palestino va a resistir y a sobrevivir y a seguir luchando, y a seguir teniendo la simpatía de abajo por su causa.

Y, tal vez, un niño o una niña de Gaza

and the world and maybe first it will become a murmur, then a loud voice, and then a cry that will be heard in Gaza.

We don't know about you, but we Zapatistas of the EZLN know how important it is, in the midst of destruction and death, to hear a few words of encouragement.

I don't know how to explain this, but it turns out that words from afar may not be enough to stop a bomb, but they are as if a crack opened in the black room of death for a small light to slip through.

Otherwise, what will happen will happen. The Israeli government will declare that it has dealt a severe blow to terrorism, it will hide the magnitude of the massacre from its people, the big producers of weapons will have gotten an economic break to face the crisis and "world public opinion," that malleable entity, always in tune with the situation, will turn to look the other way.

But not only. It will also happen that the Palestinian people will resist and survive and continue fighting, and continue to have sympathy for their cause from those below.

And perhaps a boy or girl from Gaza will

sobrevivan también. Tal vez crezcan y, con ellos, el coraje, la indignación, la rabia. Tal vez se hagan soldados o milicianos de alguno de los grupos que luchan en Palestina. Tal vez se enfrente combatiendo a Israel. Tal vez lo haga disparando un fusil. Tal vez inmolándose con un cinturón de cartuchos de dinamita alrededor de su cintura.

Y entonces, allá arriba, escribirán sobre la naturaleza violenta de los palestinos y harán declaraciones condenando esa violencia y se volverá a discutir si sionismo o antisemitismo.

Y entonces nadie preguntará quién sembró lo que se cosecha.

Por los hombres, mujeres, niños y ancianos del Ejército Zapatista de Liberación Nacional.

Subcomandante Insurgente Marcos.

México, 4 de enero del 2009.

_-*-_

Quienes eran menores de edad entonces, hace casi 15 años, y sobrevivieron, pues...

survive too. *Perhaps they will grow and, with them, anger, indignation, rage. Perhaps they will become soldiers or partisans for one of the groups fighting in Palestine. Maybe he or she will face combat against Israel. Maybe he or she does it by firing a rifle. Maybe by blowing himself up with a belt of dynamite sticks around his waist.*

And then, up there, someone will write about the violent nature of the Palestinians and make statements condemning that kind of violence and there will be another debate if Zionism or anti-Semitism.

And then no one will ask who sowed what was reaped.

On behalf of the men, women, children and elderly of the Zapatista Army of National Liberation.

Subcomandante Insurgente Marcos.

Mexico, January 4, 2009.

_*_

Those who were children then, almost 15 years ago, and who survived, well...

Hay quienes fueron responsables de sembrar lo que hoy se cosecha, y hay quien, impune, repite la siembra.

Quienes apenas hace unos meses justificaron y defendieron la invasión de la Rusia de Putin a Ucrania, aduciendo su "derecho a defenderse de una amenaza potencial", ahora deben estar haciendo malabares (o apostando al olvido) para invalidar ese argumento frente a Israel. Y viceversa.

Hoy hay, en Palestina e Israel -y en todo el mundo-, niños y jóvenes aprendiendo eso que enseñan los terrorismos: que no hay límites, ni reglas, ni leyes, ni vergüenzas.

Ni responsabilidades.

_*_

Ni Hamás ni Netanyahu. El pueblo de Israel pervivirá. El pueblo de Palestina pervivirá. Sólo necesitan darse una oportunidad y empeñarse en ella.

Mientras tanto, cada guerra seguirá siendo sólo el preludio de la siguiente, más feroz, más destructiva, más inhumana.

There are those who were responsible for sowing what is reaped today, and there are those who, with impunity, repeat the sowing.

Those who just a few months ago justified and defended Putin's Russia's invasion of Ukraine, arguing its "right to defend itself from a potential threat", must now be juggling (or betting on forgetfulness) to invalidate that argument in relation of Israel. And vice versa.

Today, in Palestine and Israel—and all over the world—there are children and young people learning what terrorisms teach: that there are no limits, no rules, no laws, no shame.

Nor responsibilities.

_*_

Neither Hamas nor Netanyahu. The people of Israel will prevail. The people of Palestine will prevail. They only need to give themselves a chance and work hard at it.

Meanwhile, each war will continue to be only the prelude to the next, more ferocious, more destructive, more inhumane.

Desde las montañas del Sureste Mexicano.

Subcomandante Insurgente Moisés.
México, octubre del 2023.

From the mountains of the Mexican Southeast,

Subcomandante Insurgente Moisés.
Mexico, October 2023.

La (Otra) Regla
del Tercero Excluido

NOVEMBER 2023

THE (OTHER) RULE
OF THE EXCLUDED THIRD

Catorceava Parte y Segunda Alerta de Aproximación:
La (otra) Regla del Tercero Excluido.

Noviembre del 2023.

La reunión fue hace un año. Una madrugada de noviembre. Hacía frío. El Subcomandante Insurgente Moisés llegó a la champa de la Capitanía (sí, no se equivoca usted, para esas fechas el SupGaleano ya había muerto, sólo que no se había hecho público su deceso). La reunión con las jefas y jefes había terminado ya tarde, y el SubMoy se dio tiempo para pasar y preguntarme sobre lo que llevaba avanzado en el análisis que debía presentarse al día siguiente a la asamblea. La luna avanzaba perezosa hacia su cuarto creciente y la población mundial llegaba a los 8 mil millones. En mi cuaderno de apuntes aparecían tres notas:

El hombre más rico de México, Carlos Slim, a un grupo de estudiantes: "ahora, lo que yo veo para todos ustedes es un México boyante con crecimiento

Fourteenth Part and Second Approach Alert:
The (other) Rule of the Excluded Third.

November 2023.

The meeting was a year ago. One early morning in November. It was cold. Subcommander Insurgent Moisés arrived at the Captaincy chamber (yes, you are not wrong, by that time SupGaleano had already died, only his death had not been made public). The meeting with the bosses had ended late, and the SubMoy took time to stop by and ask me about what I had progressed in the analysis that had to be presented the next day at the assembly. The moon was moving lazily towards its first quarter and the world population reached 8 billion. Three notes appeared in my notebook:

The richest man in Mexico, Carlos Slim, to a group of students: "now, what I see for all of you is a buoyant Mexico with sustained growth, with

374 | *La (Otra) Regla del Tercero Excluido (2023)*

sostenido, con muchas oportunidades de generación de empleo y actividades económicas" (10 noviembre del 2022). (Nota: tal vez se refiera al Crimen Organizado como actividad económica generadora de empleo. Y con mercancías de exportación).

"(…) la cifra de personas que en este momento están reportadas como desaparecidas en México, desde 1964, asciende ya a 107 mil 201; es decir, 7 mil más que en mayo pasado, cuando se superó el umbral de 100 mil. (7 de noviembre del 2022). (Nota: buscar a las buscadoras).

En Israel la ONU situaba la cifra de prisioneros palestinos en unos 5.000, entre ellos 160 niños, según el informe que la Relatora Especial sobre la situación de los derechos humanos en el territorio palestino ocupado desde 1967. Netanyahu llega a la cabeza del gobierno por tercera vez. (noviembre del 2022). (Nota: quien siembra vientos, cosechará tormentas).

-*-

Una grieta como proyecto.

No era la primera vez que tocábamos el tema. Es más, las últimas lunas había sido la constante: el diagnóstico que serviría a la asamblea tomar una

many opportunities for job creation and economic activities" (November 10, 2022). (Note: perhaps he refers to Organized Crime as an economic activity that generates employment. And with export goods).

"(...) the number of people who are currently reported missing in Mexico, since 1964, now amounts to 107,201; that is, 7 thousand more than last May, when the 100 thousand threshold was exceeded. (November 7, 2022). (Note: Seek for the seekers).

In Israel, the UN set the number of Palestinian prisoners at around 5,000, including 160 children, according to the report by the Special Rapporteur on the situation of human rights in the Palestinian territory occupied since 1967. Netanyahu takes over as head of the government for the third time. (November 2022). (Note: he who sows winds will reap storms).

_*_

A crack as a project.

It was not the first time we had discussed the topic. What's more, during the last few moons it had been the constant: the diagnosis that would help the

decisión sobre el "qué sigue". Llevaban también meses discutiendo eso, pero la idea-propuesta del Subcomandante Insurgente Moisés no acaba de aterrizar, de concretarse. Era todavía una especie de intuición.

—*No es que estén cerradas todas las puertas-*, empecé. — *Es que no hay puertas. Todas ésas que aparecen como "verdaderas", no llevan a otro lado que no sea al punto de partida. Cualquier intento de ruta es sólo un viaje por un laberinto que, en el mejor de los casos, te lleva al inicio. En el peor, a la desaparición-.*

¿Entonces?, inquirió el SubMoy encendiendo el enésimo cigarrillo.

-Pues creo que tienes razón, sólo queda abrir una grieta. Ya no buscarle por otro lado. Hay que hacer una puerta. Va a tardar, eso sí. Y va a costar mucho. Pero sí, es posible. Aunque no cualquiera. Eso que están pensando, nadie, nunca. Yo mismo no creí que llegaría a escucharlo siquiera —, señalé.

El SubMoy quedó un rato pensativo, mirando el piso de la champa, lleno de colillas de cigarro, residuos de tabaco de la pipa, un fósforo quemado, lodo húmedo, algunas ramitas rotas.

Luego se levantó y, dirigiéndose a la puerta, sólo

assembly make a decision about "what's next." They
had also been discussing this for months, but the
idea-proposal of Subcommander Insurgent Moisés
had not landed jet, or materialized. It was still a kind
of intuition.

"*It's not that all the doors are closed,*" I
began. – *There are no doors. All those that appear
as "true" do not lead anywhere other than to the
starting point. Any attempted route is just a trip
through a labyrinth that, at best, takes you back to
the beginning. At worst, to disappearance.*

So then? SubMoy asked, lighting the
umpteenth cigarette.

-*Well, I think you're right, all that remains is
to open a crack. It's not good to look elsewhere. You
have to make a door. It's going to take time, yes. And
it's going to cost a lot. But yes, it is possible. Although
not just anyone. What you are thinking, no one, ever.
I myself didn't think I would get even to hear it –* I
pointed out.

SubMoy remained thoughtful for a while,
looking at the floor of the champa, full of cigarette
butts, tobacco residue from the pipe, a burnt match,
wet mud, some broken twigs.

Then he got up and, heading to the door, he

dijo: "*Pues ni modos, falta ver... falta lo que falta*".

-*-

El fracaso como objetivo.

Para entender lo que significaba ese breve diálogo, debo explicarles una parte de mi trabajo como capitán. En este caso, un trabajo que heredé del difunto SupGaleano, quien a su vez lo recibió del finado SupMarcos.

Una labor ingrata, oscura y dolorosa: prever el fracaso zapatista.

Si se está pensando en una iniciativa, yo busco todo lo que pueda hacerla fracasar, o, al menos, que reduzca su impacto. Buscar lo contrario contradictorio. Digamos algo así como "Marcos Contreras". Soy, pues, el máximo y único representante del "ala pesimista" del zapatismo.

El objetivo es atacar con todo tipo de objeciones las iniciativas desde que empiezan a nacer. Suponemos que eso hace que se vaya afinando y consolidando esa propuesta, sea organizativa interna, sea iniciativa externa, sea una combinación

only said: *"It is what it is, we still need to see... what's missing is missing."*

-*-

Failure as a goal.

To understand what that brief dialogue meant, I must explain a part of my job as captain. In this case, a work that I inherited from the late SupGaleano, who in turn received it from the late SupMarcos.

A thankless, dark and painful task: foreseeing the Zapatista failure.

If you are considering an initiative, I look for everything that could make it fail, or, at least, reduce its impact. Look for the contradictory opposite. Let's say something like "Marcos Contreras". I am, therefore, the maximum and only representative of the "pessimistic wing" of Zapatismo.

The objective is to attack the initiatives with all types of objections from the moment they begin to be born. We suppose that this causes this proposal to be refined and consolidated, whether it be an internal organizational, or an external initiative, be it

de estas dos.

Para ponerlo claro: el zapatismo se prepara para fracasar. Es decir, imagina el peor escenario. Con ese horizonte en perspectiva, se van elaborando los planes y detallando las propuestas.

Para concebir esos "fracasos futuros", se usan las ciencias de las que podemos disponer. Hay que buscar por todos lados (y cuando digo "todos lados" son todos, incluyendo las redes sociales y sus granjas de bots, las noticias falsas y los retrucos que se realizan para conseguir "seguidores"), obtener la mayor cantidad de datos e informaciones, cruzarlas y conseguir así el diagnóstico de lo que sería la tormenta perfecta y su resultado.

Deben tratar de entender que no se trata de construir una certeza, sino de una hipótesis terrible. En términos del finado: "supongamos que todo se va a la mierda". Contra lo que se pueda creer, esa catástrofe no incluye nuestra desaparición, sino algo peor: la extinción de la especie humana. Bueno, al menos tal y como la concebimos hoy.

Se imagina esa catástrofe y se comienzan a buscar datos que la confirmen. Datos reales, no las profecías de Nostradamus o el Apocalipsis bíblico o equivalentes. Es decir, datos científicos. Se recurre

a combination of these two.

To put it clearly: Zapatismo prepares itself to fail. That is, it imagines the worst-case scenario. With that horizon in perspective, plans are drawn up and proposals detailed.

To conceive these "future failures", the sciences that we have at our disposal are used. You have to look everywhere (and when I say "everywhere" I mean everywhere, including social networks and their bot farms, fake news and the tricks that are carried out to get "followers"), obtain the greatest amount of data and information, cross it and thus obtain the diagnosis of what the perfect storm would be and its result.

You must try to understand that it is not about building a certainty, but rather a terrible hypothesis. In terms of the deceased: "suppose everything goes to shit." Contrary to what one may believe, this catastrophe does not include our disappearance, but something worse: the extinction of the human species. Well, at least as we conceive it today.

This catastrophe is imagined and we begin to look for data that confirms it. Real data, not the prophecies of Nostradamus or the biblical Apocalypse or equivalent. That is, scientific data. Scientific

entonces a publicaciones científicas, datos financieros, tendencias, registro de hechos, y muchas publicaciones.

A partir de ese futuro hipotético, se pone en marcha el reloj en sentido inverso.

_*_

La regla del tercero excluido.

Ya en posesión del dibujo del colapso y su inevitabilidad, empieza a funcionar la regla del tercero excluido.

No, no es la conocida. Ésta es una invención del finado SupMarcos. En sus tiempos de teniente, decía que, en caso de una falla, primero se intentaba una solución; segundo, una corrección; y tercero, pues ya no había tercero, quedaba como "no tiene remedio". Ya después fue afinando esa regla hasta llegar a la que ahora les expongo: *sustentada una hipótesis con datos verídicos y con análisis científico, procede buscar dos elementos que contradigan la mentada hipótesis en su esencia. Si se encuentran esos dos elementos, ya no se busca el tercero, entonces hay que replantear la hipótesis o confrontarla ya con*

publications, financial data, trends, records of facts, and many publications are then used.

From this hypothetical future, the clock is set in reverse.

_*_

The rule of the excluded third.

Already in possession of the drawing of the collapse and its inevitability, the rule of the excluded third begins to work.

No, it is not the known one. This is an invention of the late SupMarcos. In his time as a lieutenant, he said that, in the event of a failure, a solution was first attempted; second, a correction; and third, since there was no third, it remained as "there is no remedy." Later, he refined that rule until he reached the one that I now explain to you: *if a hypothesis is supported by true data and scientific analysis, it is necessary to look for two elements that contradict the aforementioned hypothesis in its essence. If these two elements are found, the third is no longer sought, then the hypothesis must be reconsidered or confronted with*

el juez más severo: la realidad.

Les aclaro que, cuando los zapatistas dicen "la realidad", incluyen su accionar en esa realidad. Lo que ustedes llaman "la práctica".

Aplico entonces esa misma regla. Si encuentro al menos 2 elementos que contradigan mi hipótesis, entonces abandono la búsqueda, desecho esa hipótesis y busco otra.

La hipótesis compleja.

Mi hipótesis es: ya no hay remedio.

Apuntes:

La convivencia equilibrada entre el ser humano y la naturaleza es imposible ya. En la confrontación ganará quien más tiempo tiene: la naturaleza. El capital ha convertido la relación con la naturaleza en una confrontación, una guerra de saqueo y destrucción. El objetivo de esta guerra es el aniquilamiento del contrario, la naturaleza en este caso (humanidad incluida). Con el criterio de la "obsolescencia programada" (o "caducidad prevista"), la mercancía "seres humanos" caduca en cada guerra.

La lógica del capital es la de la ganancia

the most severe judge: reality.

I clarify that, when the Zapatistas say "reality," they include their actions in that reality. What you call "practice".

I then apply that same rule. If I find at least 2 elements that contradict my hypothesis, then I abandon the search, discard that hypothesis and look for another one.

The complex hypothesis.

My hypothesis is: there is no solution.

Notes:

Balanced coexistence between humans and nature is now impossible. In the confrontation, the one who has the most time will win: nature. Capital has turned the relationship with nature into a confrontation, a war of plunder and destruction. The objective of this war is the annihilation of the opponent, nature in this case (humanity included). With the criterion of "planned obsolescence" (or "expected expiration"), the commodity "human beings" expires in each war.

The logic of capital is that of greater profit

386 | La (Otra) Regla del Tercero Excluido (2023)

mayor a la máxima velocidad. Esto hace que el sistema se convierta en una gigantesca máquina de desechos, incluyendo seres humanos. En la tormenta, las relaciones sociales se trastocan y el capital improductivo arroja a millones al desempleo y, de ahí, al "empleo alternativo" en el crimen, y a la migración. La destrucción de territorios incluye el despoblamiento. El "fenómeno" de la migración no es el preludio de la catástrofe, es su confirmación. La migración produce el efecto de "naciones dentro de naciones", grandes caravanas trashumantes chocando con muros de concreto, policíacos, militares, criminales, burocráticos, raciales y económicos.

Cuando se habla de migración, se olvida la otra migración que le antecede en el calendario. La de las poblaciones originarias en sus propios territorios, ahora convertidos en mercancías. ¿No se ha convertido al pueblo palestino en migrante al que hay que expulsar de su propia tierra? ¿No ocurre lo mismo con los pueblos originarios en el mundo?

En México, por ejemplo, las comunidades originarias son el "extraño enemigo" que osa "profanar» el suelo de la finca del sistema, ubicada entre el Bravo y el Suchiate. Para combatir a este "enemigo" hay miles de soldados y policías,

at maximum speed. This causes the system to become a gigantic waste machine, including human beings. In the storm, social relations are disrupted and unproductive capital throws millions into unemployment and, from there, into "alternative employment" in crime, and into migration. The destruction of territories includes depopulation. The "phenomenon" of migration is not the prelude to the catastrophe, it is its confirmation. Migration produces the effect of "nations within nations", large migratory caravans colliding with walls made of concrete, of police, military walls; criminal walls, bureaucratic walls, racial and economic walls.

When we talk about migration, we forget the other migration that precedes it on the calendar. That of original populations in their own territories, now converted into merchandises. Have the Palestinian people not become migrants who must be expelled from their own land? Doesn't the same thing happen with the Indigenous peoples around the world?

In Mexico, for example, the native communities are the "strange enemy" that dares to "desecrate" the soil of the system's farm, located between the Bravo and the Suchiate. To combat this "enemy" there are thousands of soldiers and police,

megaproyectos, compra de conciencias, represión, desapariciones, asesinatos y una auténtica fábrica de culpables (cfr. https://frayba.org.mx/). Los asesinatos del hermano Samir Flores Soberanes y de decenas de guardianes de la naturaleza definen al actual proyecto de gobierno.

El "miedo a lo otro" alcanza niveles de franca paranoia. La escasez, la pobreza, las desgracias y el crimen tienen como responsable a un sistema, pero ahora la culpa se traslada al migrante al que hay que combatir hasta aniquilarlo.

En "la política" se ofrecen alternativas y ofertas a cuál más de falsa. Nuevos cultos, nacionalismos -nuevos, viejos o reciclados-, la nueva religión de las redes sociales y sus neo profetas: los "influencers". Y la guerra, siempre la guerra.

La crisis de la política es la crisis de las alternativas al caos. El frenético sucederse en los gobiernos de la derecha, ultraderecha, el inexistente centro, y lo que presuntuosamente se da en llamar "izquierda", es sólo un reflejo de un mercado cambiante: si hay nuevos modelos de celulares, ¿por qué no "nuevas" opciones políticas?

Los Estados-Nación se trastocan en agentes aduanales del capital. No hay gobiernos, hay una

megaprojects, buying of consciences, repression, disappearances, murders and a veritable factory of guilty people (cf. https://frayba.org.mx/). The murders of brother Samir Flores Soberanes and dozens of nature guardians define the current governmental project.

The "fear of the other" reaches levels of frank paranoia. Scarcity, poverty, misfortunes and crime are responsible for a system, but now the blame is transferred to the migrant who must be fought until annihilated.

In "politics" alternatives and offers are offered, each one falser than the next. New cults, nationalisms – new, old or recycled -, the new religion of social networks and its neo prophets: the "influencers". And war, always war.

The crisis of politics is the crisis of alternatives to chaos. The frenetic succession in governments of right wing, extreme right wing, the non-existent center, and what is presumptuously called «left», is only a reflection of a changing market: if there are new models of cell phones, why not "new" political options?

Nation-States become customs agents of capital. There are no governments, there is only one

sola Border Patrol con distintos colores y diferentes banderas. La disputa entre "Estado Gordo" y "Estado Famélico" es sólo una fallida ocultación de su naturaleza primigenia: la represión.

El capital empieza a sustituir al neoliberalismo como coartada teórico-ideológica, con su consecuencia lógica: el neomaltusianismo. Es decir, la guerra de aniquilamiento de grandes poblaciones para conseguir el bienestar de la sociedad moderna. La guerra no es una irregularidad de la máquina, es el "mantenimiento regular" que asegurará su funcionamiento y duración. La reducción radical de la demanda para compensar las limitaciones de la oferta.

No se trataría de un neodarwinismo social (los fuertes y ricos se hacen más fuertes y ricos, y los débiles y pobres se hacen más débiles y pobres), o de la Eugenesia que fue una de las coartadas ideológicas para la guerra nazi de exterminio del pueblo judío. O no sólo. Se trataría de una campaña mundial de aniquilamiento de la población mayoritaria en el mundo: la de los desposeídos. Desposeerlos también de la vida. Si los recursos del planeta no son suficientes y no hay un planeta de repuesto (o no se ha encontrado aún, aunque en eso están), entonces corresponde reducir drásticamente la población. Achicar el planeta

Border Patrol with different colors and different flags. The dispute between the "Fat State" and the "Starving State" is just a failed concealment of its original nature: repression.

Capital begins to replace neoliberalism as a theoretical-ideological alibi, with its logical consequence: neo-Malthusianism. That is, the war of annihilation of large populations to achieve the well-being of modern society. War is not an irregularity of the machine, it is the "regular maintenance" that will ensure its operation and duration. The radical reduction in demand to compensate for supply limitations.

It would not be about social neo-Darwinism (the strong and rich become stronger and richer, and the weak and poor become weaker and poorer), or Eugenics, which was one of the ideological alibis for the Nazi war of extermination of the Jewish people. Or not only. It would be a global campaign to annihilate the majority population of the world: the dispossessed. Dispossess them of life too. If the planet's resources are not sufficient and there is no spare planet (or it has not been found yet, although they are working on it), then it is necessary to drastically reduce the population. Shrink the planet

mediante el despoblamiento y la reordenación, ya no sólo de determinados territorios, sino del mundo entero. Una Nakba para todo el planeta.

Si la casa ya no se puede expandir ni es factible hacerle más pisos; si los habitantes del sótano quieren subir a la planta baja, asaltar la alacena, y, ¡horror!, no dejan de reproducirse; si los "paraísos ecológicos" o "autosustentables" (en realidad sólo son "cuartos de pánico" del capital) no son suficientes; si los del primer piso quieren los cuartos del segundo y así; en suma, si la "civilización moderna" y su núcleo (la propiedad privada de los medios de producción, circulación y consumo), corre peligro; pues entonces hay que expulsar a inquilinos -empezando por los del sótano-, hasta que se logre "el equilibrio".

Si el planeta se agota en recursos y territorios, sigue una especie de «dieta» para reducir la obesidad del planeta. Lo de buscar otro planeta está teniendo dificultades no previstas. Es previsible una carrera espacial, pero su éxito es una incógnita todavía muy grande. Las guerras, en cambio, han demostrado su "eficacia".

La conquista de territorios trajo el crecimiento exponencial de los «sobrantes», «excluidos», o «prescindibles». Siguen las guerras por el reparto.

through depopulation and reorganization, not only of certain territories, but of the entire world. A Nakba for the entire planet.

If the house can no longer be expanded nor is it feasible to add more floors; if the inhabitants of the basement want to go up to the ground floor, raid the cupboard, and, horror!, they do not stop reproducing; if "ecological paradises" or "self-sustaining" (in reality they are just "panic rooms" of capital) are not enough; if those on the first floor want the rooms on the second and so on; in short, if "modern civilization" and its core (private ownership of the means of production, circulation and consumption), is in danger; well, then you have to expel tenants – starting with those in the basement – until "balance" is achieved.

If the planet is depleted of resources and territories, a kind of "diet" follows to reduce the obesity of the planet. Searching for another planet is having unforeseen difficulties. A space race is foreseeable, but its success is still a very big unknown. Wars, on the other hand, have demonstrated their "effectiveness."

The conquest of territories brought the exponential growth of the "surplus", "excluded", or "expendable". The wars over distribution continue.

Las guerras tienen una doble ventaja: reaniman la producción bélica y sus subsidiarias, y elimina a esos sobrantes de forma expedita e irremediable.

Los nacionalismos no sólo resurgirán o tendrán nuevo aliento (por eso el vaivén de las ofertas políticas de ultraderecha), son la base espiritual necesaria para las guerras. "El responsable de tus carencias es quien tienes al lado. Por eso pierde tu equipo". La lógica de las "barras", "porras" y "hooligans" -nacionales, raciales, religiosos, políticos, ideológicos, de género-, alentando guerras medianas, grandes y pequeñas en tamaño, pero con el mismo objetivo de depuración.

Ergo: el capitalismo no caduca, sólo se transforma.

El Estado-Nación dejó hace tiempo de cumplir su función de territorio-gobierno-población con características comunes (lengua, moneda, sistema jurídico, cultura, etc.). Los Estados Nacionales son ahora las posiciones militares de un solo ejército, el del cártel del capital. En el actual crimen mundial del sistema, los gobiernos son los "jefes de plaza" que mantienen el control de un territorio. La lucha política, electoral o no, es por ver quién asciende a jefe de plaza. El "cobro de piso" es mediante los impuestos

Wars have a double advantage: they revive war production and its subsidiaries, and eliminate those surpluses in an expeditious and irremediable manner.

Nationalisms will not only re-emerge or have new breath (hence the coming and going of far-right political offers), they are the necessary spiritual basis for wars. "The person responsible for your shortcomings is whoever is next to you. That's why your team loses." The logic of the "cliques", "gangs" and "hooligans" -national, racial, religious, political, ideological, gender-, encouraging medium, large and small wars in size, but with the same objective of purification.

Ergo: capitalism does not expire, it only transforms.

The Nation-State long ago stopped fulfilling its function as a territory-government-population with common characteristics (language, currency, legal system, culture, etc.). Nation-States are now the military positions of a single army, that of the capital cartel. In the current global crime system, governments are the "Jefes de plaza" that maintain control of a territory. The political fight, electoral or not, is to see who is promoted to head of the plaza. The "cobro de piso" is through taxes and

y los presupuestos para campañas y el proceso electoral. El crimen desorganizado financia así su reproducción, aunque cada vez sea más patente su incapacidad de ofrecer a sus subyugados la seguridad y la justicia. En la política moderna, los jefes de los cárteles nacionales se deciden por elecciones.

De este manojo de contradicciones no surge una nueva sociedad. A la catástrofe no se sigue el fin del sistema capitalista, sino una forma diferente de su carácter depredador. El futuro del capital es el mismo que su pasado y presentes patriarcales: explotación, represión, despojo y desprecio. Para cada crisis, el sistema tiene siempre a la mano una guerra para solucionar esa crisis. Por lo tanto: no es posible delinear o construir una alternativa al colapso más allá de nuestra propia supervivencia como comunidades originarias.

La mayoría de la población no ve o no cree posible la catástrofe. El capital ha logrado inculcar el inmediatismo y el negacionismo en el código básico cultural de los de abajo.

Más allá de algunas comunidades originarias, pueblos en resistencia y algunos grupos y colectivos, no es posible construir una alternativa que rebase lo mínimo local.

La prevalencia de la noción de Estado-Nación

budgets for campaigns and the electoral process. Disorganized crime thus finances its reproduction, although its inability to offer its subjects security and justice is increasingly evident. In modern politics, the heads of national cartels are decided by elections.

A new society does not emerge from this bundle of contradictions. The catastrophe is not followed by the end of the capitalist system, but by a different form of its predatory character. The future of capital is the same as its patriarchal past and presents: exploitation, repression, dispossession and contempt. For every crisis, the system always has a war at hand to solve that crisis. Therefore: it is not possible to outline or build an alternative to collapse beyond our own survival as Indigenous communities.

The majority of the population does not see or does not believe the catastrophe is possible. Capital has managed to instill immediatism and denialism in the basic cultural code of those below.

Beyond some native communities, peoples in resistance and some groups and collectives, it is not possible to build an alternative that goes beyond the local minimum.

The prevalence of the notion of the Nation-

en el imaginario de abajo es un obstáculo. Mantiene las luchas separadas, aisladas, fragmentadas. Las fronteras que las separan no son sólo las geográficas.

_*_

Las Contradicciones.

Apuntes:

Primera serie de contradicciones:

La lucha de los hermanos de la región cholulteca contra la empresa Bonafont, en Puebla, México (2021-2022). Viendo que sus manantiales se secaban, los pobladores voltearon a ver hacia el responsable: la empresa Bonafont, de Danone. Se organizaron y tomaron la planta embotelladora. Los manantiales se recuperaron y volvió el agua y la vida a sus tierras. La naturaleza respondía así a la acción de sus defensores y confirmaba lo dicho por los campesinos: la empresa depredaba el agua. La fuerza represiva que los desalojó, después de un tiempo, no pudo ocultar la realidad: los pueblos defendían la vida, y la empresa y el gobierno defendían la muerte. La madre tierra respondió así al cuestionamiento: sí hay remedio, correspondo con vida a quien defiende

State in the imaginary below is an obstacle. It keeps struggles separate, isolated, fragmented. The borders that separate them are not only geographical.

_*_

The Contradictions.

Notes:

First series of contradictions:

The struggle of the brothers from the Cholulteca region against the Bonafont company, in Puebla, Mexico (2021-2022). Seeing that their springs were drying up, the residents turned to look at the person responsible: the Bonafont company, from Danone. They organized and took over the bottling plant. The springs were recovered and water and life returned to their lands. Nature thus responded to the action of its defenders and confirmed what the peasants said: the company deprecated water. The repressive force that evicted them, after a time, could not hide the reality: the people defended life, and the company and the government defended death. Mother Earth responded to the question like this: there is a remedy,

mi existencia; podemos convivir si nos respetamos y cuidamos mutuamente.

La pandemia (2020). Los animales recuperaron su posición en algunos territorios urbanos abandonados, aunque fue momentáneo. El agua, el aire, la flora y la fauna tuvieron un respiro y se rehicieron, aunque fueron de nuevo avasalladas en poco tiempo. Señalaron así quién era el invasor.

La Travesía por la Vida (2021). En el oriente, o sea en Europa, hay ejemplos de resistencia a la destrucción y, sobre todo, de construcción de otra relación con la madre tierra. Los informes, relatos y anécdotas son demasiados para estas notas, pero confirman que la realidad allá no es sólo la de la xenofobia y la idiotez y petulancia de sus gobiernos. Esperamos encontrar esfuerzos semejantes en otras geografías.

Por lo tanto: sí es posible la convivencia equilibrada con la naturaleza. Debe de haber más ejemplos de esto. Nota: buscar más datos, volver a revisar los informes de la Extemporánea a su vuelta de la Travesía por la Vida- Capítulo Europa, qué miraron y qué aprendieron, seguir las acciones del CNI y de otras organizaciones y movimientos de pueblos originarios hermanos en el Mundo. Atención

I correspond with life to those who defend my existence; we can coexist if we respect and care for each other.

The pandemic (2020). The animals recovered their position in some abandoned urban territories, although it was momentary. The water, the air, the flora and fauna had a break and remade themselves, although they were once again overwhelmed in a short time. They thus indicated who the invader was.

The Journey for Life (2021). In the East, that is, in Europe, there are examples of resistance to destruction and, above all, of building another relationship with Mother Earth. The reports, stories and anecdotes are too many for these notes, but they confirm that the reality there is not only that of xenophobia and the idiocy and petulance of their governments. We hope to find similar efforts in other geographies.

Therefore: balanced coexistence with nature is possible. There must be more examples of this. Note: look for more data, review the Extemporánea reports again upon returning from the Journey for Life – Europe Chapter, what did they see at and what did they learn, follow the actions of the CNI and other organizations and movements of sister Indigenous

a las alternativas en zonas urbanas.

Conclusión parcial: las contradicciones detectadas ponen en crisis uno de los planteamientos de la hipótesis compleja, pero no todavía la esencia. El llamado "capitalismo verde" bien podría absorber o suplantar esas resistencias.

Segunda serie de contradicciones:

La existencia y persistencia de la Sexta y las personas, grupos, colectivos, equipos, organizaciones, movimientos acuerpados en la Declaración por La Vida. Y muchas personas más en muchas partes. Hay quien resiste y se rebela, y trata de encontrarse. Pero es necesario buscar.

Y eso nos enseñan las Buscadoras: buscar es una lucha necesaria, urgente, vital. Con todo en contra, ellas se aferran a la más remota esperanza.

Conclusión parcial: la sola posibilidad, mínima, ínfima, improbable hasta un porcentaje ridículo, de que las resistencias y rebeldía coincidan, hace trastabillar a la máquina. No es su destrucción, es cierto. No todavía. Las brujas escarlatas serán decisivas.

El porcentaje de probabilidad del triunfo de la vida sobre la muerte es ridículo, sí. Entonces quedan opciones: la resignación, el cinismo, el culto a lo

peoples in the World. Pay attention to alternatives in urban areas.

Partial conclusion: the contradictions detected put one of the premises of the complex hypothesis in crisis, but not yet the essence. The so-called "green capitalism" could well absorb or supplant these resistances.

Second series of contradictions:

The existence and persistence of the Sixth and the people, groups, collectives, teams, organizations, movements united in the Declaration for Life. And many more people in many places. There are those who resist and rebel, and try to find themselves. But it is necessary to search.

And that is what the Seekers teach us: seeking is a necessary, urgent, vital struggle. With everything against them, they cling to the remotest hope.

Partial conclusion: the mere possibility, minimal, tiny, improbable up to a ridiculous percentage, that resistance and rebellion coincide, makes the machine stumble. It is not its destruction, it is true. Not yet. The scarlet witches will be decisive.

The percentage probability of the triumph of life over death is ridiculous, yes. Then there are options: resignation, cynicism, the cult of the

inmediato ("*carpe diem*" como sostén vital).

Y, sin embargo, hay quienes desafían los muros, las fronteras, las reglas… y la ley de probabilidades.

Tercera serie de contradicciones: No es necesaria. Aplica la regla del Tercero Excluido.

Conclusión general: por lo tanto, hay que plantear otra hipótesis.

-*-

¡Ah! ¿ustedes pensaban que la iniciativa o el paso que anunciaban los pueblos zapatistas era la desaparición de MAREZ y JBG, la inversión de la pirámide y el nacimiento de los GAL?

Pues lamento arruinarles la tranquilidad. No es así. Regrese usted a antes de la llamada "Primera parte" y la discusión sobre los motivos de lobos y pastores. ¿Ya? Ahora coloque usted esto:

> *Permissu et gratia a praelatis dico vobis visiones mirabiles et terribiles quas oculi mei in his terris viderunt. 30 Anno Resistentiae, et prima luce diei viderunt imagines et sonos, quod nunquam antea viderant, et tamen litteras meas semper*

immediate ("carpe diem" as vital support).

And yet, there are those who defy walls, borders, rules… and the law of probabilities.

Third series of contradictions: Not necessary. The Excluded Third Rule applies.

General conclusion: therefore, another hypothesis must be raised.

_*_

Ah! Did you think that the initiative or step that the Zapatista people announced was the disappearance of MAREZ and JBG, the inversion of the pyramid and the birth of the GAL?

Well, I'm sorry to ruin your peace of mind. It is not so. Go back to before the so-called "Fist Part" and the discussion about the motives of wolves and shepherds. Already there? Now put this:

> *Permissu et gratia a praelatis dico vobis visiones mirabiles et terribiles quas oculi mei in his terris viderunt. 30 Anno Resistentise, et prima luce diei viderunt imagines et sonos, quod nunquam antea viderant, et tamen litteras meas semper*

*intuebantur. Manus scribit et cor dictat.
Erat mane et supra, cicadae et stellae
pugnabant pro terra...*

*Con el permiso y gracia de los
superiores os cuento las maravillosas
y terribles visiones que mis ojos han
visto en estas tierras. En el año 30
de la Resistencia, y con las primeras
luces del día, vieron imágenes y
sonidos que nunca antes habían visto
y sin embargo siempre miraban mis
letras. La mano escribe y el corazón
dicta. Era de madrugada y arriba,
grillos y estrellas luchaban por la
tierra...*

El Capitán.

No apareció entonces porque no sabían de la muerte
del SupGaleano, ni de las demás muertes necesarias.
Pero así somos los zapatistas: siempre es más lo
que callamos que lo que decimos. Como si nos
empeñáramos en diseñar un rompecabezas siempre

intuebantur. Manus scribit et cor dictat.
Erat mane et supra, cicadae et stellae
pugnabant pro terra...

> *With the permission and grace of*
> *the superiors I tell you the wonderful*
> *and terrible visions which my eyes*
> *have seen in these lands. In the year*
> *30 of the resistance, and at the first*
> *light of the day they saw images and*
> *sounds which they had never seen*
> *before, and yet they always looked*
> *at my letters. The hand writes and*
> *the heart dictates. It was dawn and*
> *above, crickets and starlings were*
> *fighting for the land...*

The Captain.

He did not appear then because you did not know
about the death of SupGaleano, nor about the other
necessary deaths. But that's how we Zapatistas are:
what we keep silent about is always more than what
we say. As if we were determined to design a puzzle

incluso, siempre con una pieza pendiente, siempre con esa interrogante extemporánea: ¿y tú qué?

Desde las montañas del Sureste Mexicano.

El Capitán.

40, 30, 20, 10, 2, 1 año después.

P.D.- ¿Entonces qué es lo que falta? Pues… falta lo que falta.

that is always unfinished, always with a pending piece, always with that extemporaneous question: what about you?

From the mountains of the Mexican southeast.

The Captain.

40, 30, 20, 10, 2, 1 year later.

P.S.- So what is it that's missing? Well... what's missing is missing.

El Común y la No Propiedad

The Common and Non-Property

"Abre bien los ojos, hijo, y sigue al pájaro Pujuy.
Él no se equivoca. Su destino es como el nuestro:
caminar para que otros no se pierdan."
Canek. Ermilo Abreu Gómez

En alguna ocasión pasada, hará ya algunos años, los pueblos zapatistas se explicaban la lucha de "como mujeres que somos" señalando, no una cuestión de mera voluntad, disposición o estudio, sino la base material que hizo posible ese cambio: la independencia económica de las mujeres zapatistas. Y no se referían a tener empleo y salario o a la limosna en monedas con que los gobiernos de todo el espectro político compran votos y adhesiones. Señalaban al trabajo colectivo como la tierra fértil para ese cambio. Es decir, el trabajo organizado que no tenía como destino el bienestar individual, sino el del grupo. No se trataba sólo de juntarse para las artesanías, el comercio, la cría del ganado, o la siembra y la cosecha de maíz, café, hortalizas. También, y, tal vez, sobre todo, a los espacios propios de ellas, sin varones. Imaginen lo que en esos tiempos y lugares hablaban y hablan entre ellas: sus dolores, sus rabias, sus ideas, sus propuestas, sus sueños.

No abundaré más sobre ello -las compañeras

"Open wide your eyes, son, and follow the Pujuy
bird. He is not wrong. His destiny is like ours:
to walk so that others do not get lost."
Canek. Ermilo Abreu Gómez

On some past occasion, a few years ago, the Zapatista peoples explained to themselves the struggle "as the women that we are" pointing out, not a matter of mere will, disposition or study, but the material basis that made this change possible: the economic independence of Zapatista women. And they were not referring to having a job and salary or the alms in coins with which governments across the political spectrum buy votes and memberships. They pointed to collective work as the fertile ground for this change. That is, organized work that was not intended for individual well-being, but for that of the group. It was not just about getting together for crafts, commerce, raising livestock, or planting and harvesting corn, coffee, and vegetables. Also, and, perhaps, above all, it was about their own spaces, without men. Imagine what in those times and places they spoke and speak among themselves: their pain, their anger, their ideas, their proposals, their dreams.

I will not go into more detail about it—the

tienen su propia voz, historia y destino-. Sólo lo
menciono porque queda por conocer cuál es la base
material sobre la que se construirá la nueva etapa que
han decidido las comunidades zapatistas. La nueva
iniciativa, como la catalogarían los de fuera. Tengo el
orgullo de señalar que, no sólo la propuesta íntegra
fue producto, desde su concepción, del colectivo de
dirección organizativa zapatista -toda ella de sangre
indígena de raíz maya-. También que mi labor se
limitó a proporcionar información que mis jefas y
jefes "cruzaron" con la suya, y, después, a buscar y
argumentar objeciones y probables y futuros fracasos
(la mentada "hipótesis" a la que hice referencia en
un texto anterior). Al final, cuando terminó su
deliberación y concretaron la idea central, para
someterla a la consulta con todos los pueblos, a mí
me sorprendió tanto como tal vez a ustedes ahora que
la van a conocer.

En este otro fragmento de la entrevista al
Subcomandante Insurgente Moisés, él nos explica
cómo fue que llegaron a esta idea de "el común". Tal
vez alguien de ustedes pueda valorar el sentido
profundamente rebelde y subversivo de esto en lo
que, para no variar, nos jugamos la existencia.

El Capitán.

compañeras have their own voice, history and destiny.
I only mention it because it remains to be known
what is the material base on which the new stage that
the Zapatista communities have decided will be built.
The new initiative, as outsiders would classify it.

I am proud to point out that not only was the
entire proposal the product, from its very conception,
of the Zapatista organizational leadership collective-
all of it of indigenous blood with Mayan roots. Also,
that my work was limited to providing information
that my bosses "crossed" with their own, and, later,
to look for and argue objections and probable future
failures (the aforementioned "hypothesis" to which
I referred in a previous text). In the end, when they
finished their deliberation and they specified the
central idea, to submit it for consultation with all the
peoples, I was as surprised as perhaps you will be
now that you are going to know about it.

In this other fragment of the interview with
Subcomandante Insurgente Moisés, he explains to us
how they came to this idea of "the common." Perhaps
some of you can appreciate the deeply rebellious and
subversive meaning of this in which, for the same
reason, we risk our existence.

The Captain.

_*_

LA NO PROPIEDAD.

Bueno, pues en resumen ésta es nuestra propuesta: establecer extensiones de la tierra recuperada como del común. Es decir, sin propiedad. Ni privada, ni ejidal, ni comunal, ni federal, ni estatal, ni empresarial, ni nada. Una no propiedad de la tierra. Como quien dice: "tierra sin papeles". Entonces, en esas tierras que se van a definir, si preguntan de quién es ese terreno o quien es el propietario, pues se va a responder: "de nadie", es decir "del común".

Si preguntan si es tierra de zapatistas, de partidistas o de quién, pues de ninguno de ellos. O de todos, es lo mismo. No hay comisariado o agente a quien comprar, asesinar, desaparecer. Lo que hay son pueblos que trabajan y cuidan esas tierras. Y las defienden.

Una parte importante es que, para que se pueda lograr esto, tiene que haber un acuerdo entre los pobladores sin importar si son partidistas o zapatistas. O sea que tienen que hablar entre ellos, no con los malos gobiernos. Eso de buscar el permiso de los malos gobiernos sólo ha

_*_

NON-OWNERSHIP.

Well, in summary this is our proposal: to establish extensions of the recovered land as common. That is, without property. Neither private, nor ejidal, nor communal, nor federal, nor state, nor business, nor anything. A non-ownership of land. As they say: "land without papers." So, in those lands that are going to be defined, if they ask who owns that land or who is the owner, the answer will be: "nobody", that is, they are "of the common".

If you ask if it is Zapatista land, or of the political party followers or whoever, well, its none of theirs. Or all of theirs, it's the same. There is no commissioner or agent to buy off, kill, disappear. What is there is people who work and take care of those lands. And they defend them.

An important part is that, in order for this to be achieved, there has to be an agreement between the residents regardless of whether they are political party followers or Zapatistas. In other words, they have to talk between themselves, not to the bad governments. Seeking permission from bad governments has only

traído divisiones y hasta muertes entre mismos
campesinos.

Entonces, respetando las tierras que son
de propiedad personal-familiar, y las que son
para trabajo de los colectivos, se crea, en terrenos
recuperados en estos años de guerra, esta no
propiedad. Y se propone que se trabaje en común por
turnos, sin importar qué partido eres, o qué religión,
o qué color, o qué tamaño, o que género eres.

Las reglas son sencillas: tiene que ser acuerdo
entre los pobladores de una región. No cultivar
drogas, no vender la tierra, no permitir la entrada de
ninguna empresa o industria. Quedan excluidos los
paramilitares. El producto del trabajo de esas tierras
es de quienes la laboren en el tiempo acordado. No
hay impuestos, ni pago de diezmos. Cada instalación
que se construya queda para el siguiente grupo. Se
llevan sólo el producto de su trabajo. Pero de todo
esto ya iremos hablando más después.

Esto, así muy resumido, es lo que se presentó
y se consultó con todos los pueblos zapatistas. Y
salió que la inmensa mayoría estuvo de acuerdo. Y
también que, en algunas regiones zapatistas, ya se
estaba haciendo desde hace años.

Y nosotros lo que hicimos fue, pues, proponer

brought divisions and even deaths among peasants themselves.

So, respecting the lands that are personal-family property, and those that are for collective work, this non-ownership is created on land recovered in these years of war. And it is proposed that it is worked together in shifts, regardless of what party you are, or what religion, or what color, or what size, or what gender you are.

The rules are simple: it has to be an agreement between the residents of a region. Do not grow drugs, do not sell the land, do not allow the entry of any company or industry. Paramilitaries are excluded. The product of the work of those lands belongs to those who work it in the agreed time. There are no taxes, nor payment of tithes. Each facility that is built is left for the next group. They take only the product of their work. But we will talk more about all this later.

This, very summarized, is what was presented and consulted with all the Zapatista towns. And it turned out that the vast majority agreed. And also that, in some Zapatista regions, it had already been done for years.

And what we did was, well, propose a path

un camino para poder cruzar la tormenta y llegar con bien al otro lado. Y no hacer ese camino solos como zapatistas, sino que juntos como pueblos originarios que somos. Claro, sobre esa propuesta saldrán más: de salud, de educación, de justicia, de gobierno, de vida. Digamos que lo vemos necesario eso para poder enfrentar la tormenta.

PENSAR EL CAMINO Y EL PASO.

¿Qué cómo llegó en nuestra cabeza? Bueno, pues te platico. Vimos varias cosas. O sea que no sólo salió de una vez esta idea. Como que se juntaron y pues como que lo fuimos viendo parte por parte y ya luego todo junto.

Una fue, pues, la tormenta. Todo lo que se refiere a la inconformidad de la naturaleza. Su forma de protestar, cada vez más fuerte y cada vez más terrible. Porque decimos destrucción, pero muchas veces lo que pasa es que como que la naturaleza recupera un lugar. O que ataca las invasiones del sistema: las presas, por ejemplo. Lugares turísticos, por ejemplo, que se construyen sobre la muerte de las costas. Megaproyectos que hieren, lastiman la tierra. Entonces pues hay respuesta. A veces rápido responde, a veces tarda. Y el ser humano, bueno, lo que el

to cross the storm and reach the other side safely. And not to take that path alone as Zapatistas, but together as the indigenous peoples that we are. Of course, more will come out about this proposal: about health, about education, about justice, about government, about life. Let's say that we see this as necessary to be able to face the storm.

TO THINK THE PATH AND THE STEP.

How did it get into our heads? Well, I'll tell you. We saw several things. So this idea didn't just come out at once. As if they came together and as if we saw it part by part and then everything together.

One was the storm. Everything that refers to the unconformity of nature. Its way of protesting, increasingly louder and increasingly terrible. Because we say destruction, but many times what happens is that nature kind of recovers a place. Or that it attacks invasions of the system: dams, for example. Tourist places, for example, that are built over the death of the coasts. Megaprojects that hurt, injure the earth. So, there comes a response. Sometimes it responds quickly, sometimes it takes a while. And the human being, well, what the system has done with the human

sistema ha hecho con el ser humano es que está como pasmado. No reacciona. Aunque ve que viene la desgracia, que hay avisos, que hay alertas, pues sigue como si nada y, bueno, pues pasa lo que pasa. Dicen que tal desgracia fue sorpresiva. Pero resulta que ya lleva varios años de que se avisa que la destrucción de la naturaleza va a pasar a cobrar. La ciencia, no nosotros, lo analiza y lo demuestra. Nosotros, pues, como gente de la tierra lo vemos. Todo es inútil.

La desgracia no se aparece de pronto en tu casa, no. Primero se va a acercando, va haciendo su ruido para que sepas que ahí viene. Toca a tu puerta. Rompe todo. No sólo tu casa, tu gente, tu vida, también tu corazón. Ya no estás tranquilo.

La otra es lo que llaman la descomposición social o que dicen que se rompe el tejido social porque la violencia. O sea que una comunidad de personas se relaciona con ciertas reglas o normas o acuerdos, como decimos nosotros. A veces se hacen leyes escritas y a veces no hay nada escrito, pero como quiera la gente sabe. En muchas comunidades se dice "acta de acuerdo" o sea que se pone en palabras. "Esto se puede hacer, esto no se puede hacer, esto se tiene qué hacer", y así. Por ejemplo, que quien trabaje pues avanza. Que el que no trabaja, pues se queda jodido.

being, is as if stunned. Does not react. Although he sees that misfortune is coming, that there are warnings, that there are alerts, he continues as if nothing had happened and, well, things do happen. They say that such misfortune was surprising. But it turns out that for several years now people have been warning that the destruction of nature is going to take its toll. Science, not us, analyzes it and proves it. We, then, as people of the earth see it. Everything is useless.

Misfortune does not suddenly appear in your house, no. First it gets closer, it makes its noise so you know it is coming. Knocks on your door. Breaks everything. Not only your house, your people, your life, but also your heart. You are no longer calm.

Another thing is what they call social decomposition, or as they say, the social fabric breaks, because of violence. In other words, a community of people is related to certain rules or norms or agreements, as we say. Sometimes written laws are made and sometimes there is nothing written, but nonetheless, people know. In many communities they say "act of agreement" that is, it is put into words. "This can be done, this cannot be done, this has to be done," and so on. For example, whoever works advances. He who doesn't work stays poor. That it

Que está mal obligar a alguien a hacer lo que no quiere, por ejemplo, en el caso de los hombres contra las mujeres. Que está mal violentar a los débiles. Que está mal matar, robar, violar. ¿Pero qué pasa si es al revés? Si se premia la maldad y se persigue y castiga la bondad. Por ejemplo, un campesino indígena que ve que está mal la destrucción de un bosque, se convierte entonces en su guardián. Lo protege al bosque, pues, de quien lo destruye para sacar ganancias. Eso de defender es un bien, porque ese hermano o hermana están cuidando la vida. Eso es humano, no es de una religión. Pero pasa que ese guardián es perseguido, encarcelado y, no pocas veces, asesinado. Y si se pregunta cuál es su delito de por qué lo mataron, y se escucha que su delito fue defender la vida, como el hermano Samir Flores Soberanes, pues ahí se ve claro que el sistema está enfermo, que ya no tiene remedio, que hay que buscar por otro lado.

¿Qué se necesita para darse cuenta de esa enfermedad, de esa podredumbre de la humanidad? No se necesita una religión, o una ciencia, o una ideología. Basta mirar, escuchar, sentir.

Y luego pues vemos que los grandes Mandones, los capitalistas, pues no les importa ya qué

is wrong to force someone to do something that he or she does not want to do, for example, in the case of men against women. That it is wrong to abuse the weak. That it is wrong to kill, steal, rape. But what happens if it's the other way around? If evil is rewarded and goodness is persecuted and punished. For example, an indigenous farmer who sees that the destruction of a forest is wrong, then becomes its guardian. He protects the forest, therefore, from those who destroy it to make a profit. Defending is a good thing, because that brother or sister is taking care of life. That is humane, it is not religious. But it happens that this guardian is persecuted, imprisoned and, not infrequently, murdered. And if you ask what his crime is, why they killed him, and you hear that his crime was defending life, like brother Samir Flores Soberanes, then it is clear that the system is sick, that it no longer has a remedy, that you have to look elsewhere.

What does it take to realize this disease, this rottenness of humanity? You don't need a religion, or a science, or an ideology. It's enought to simply look, listen, feel.

And then we see that the big bosses, the capitalists, don't care what happens tomorrow. They

pasa mañana. Quieren ganar la paga hoy. Lo más que
se pueda y lo más rápido posible. No importa que les
digas "oyes, pero eso que haces destruye y la destrucción
se contagia, crece, se convierte en incontrolable y
regresa a ti. Como si escupieras para arriba o si
orinaras contra el viento. Se te regresa, pues". Y puedes
pensar que qué bueno que la desgracia se pase a llevar
a un sinvergüenza. Pero resulta que, antes de eso, se
lleva a un buen tanto de gente que ni sabe por qué.
Como las crías, por ejemplo. Qué va a saber una cría
de religiones, ideologías, partidos políticos o lo que
sea. Pero el sistema hace responsables a esas crías.
Las hace pagar. Se destruye en su nombre, se mata en
su nombre, se miente en su nombre. Y se les hereda
muerte y destrucción.

Entonces, pues no se ve que va a mejorar. Lo
sabemos que se va a poner peor. Y que, como quiera,
tenemos que cruzar la tormenta y llegar al otro lado.
Sobrevivir.

Otra cosa es lo que vimos en la travesía por
la Vida. Lo que hay en esas partes que se supone
que son más avanzadas, que están más desarrolladas
como dicen. Lo vimos que es mentira todo eso de la
"civilización occidental", del "progreso" y esas cosas.
Vimos que ahí se estaba lo necesario para guerras

want to earn pay today. As much as possible and as quickly as possible. It doesn't matter if you tell them: "hey, but what you do destroys and the destruction spreads, grows, becomes uncontrollable and returns to you. As if you were spitting up into the air or urinating against the wind. It comes back to you." And you may think that it is good that misfortune happens to a scoundrel. But it turns out that, before that, it takes away quite a few people who don't even know why. Like babies, for example. What will a child know about religions, ideologies, political parties or whatever. But the system holds those babies responsible. It makes them pay. It destroys in their name, it kills in their name, it lies in their name. And they inherit death and destruction.

So, it doesn't seem like it's going to get better. What we know is that it will get worse. And that, whatever happens, we have to cross the storm and get to the other side. Survive.

Another thing is what we saw on the Journey for Life. What is going on in those parts that are supposed to be more advanced, that are more developed as they say. We saw that all that talk about "Western civilization", "progress" and things like that is a lie. We saw that there was what is

y crímenes. Ahora sí que vimos dos cosas: una es a dónde se encamina la tormenta si no hacemos nada. La otra es lo que otras rebeldías organizadas están construyendo en esas geografías. O sea que esas personas miran lo mismo que miramos nosotros. O sea, la tormenta.

Gracias a estos pueblos hermanos pudimos ampliar la mirada, hacerla más ancha. O sea, no sólo mirar más lejos, sino que también mirar más cosas. Más mundo, pues.

Entonces nosotros, como pueblos indígenas que somos, pues nos preguntamos que qué hacemos, que si ya valió, que si cada uno ahí lo vea. Pero vemos a esos hermanos que hacen así de que les vale madre lo que les pase a otros, que sólo miran por ellos, y pues igual les toca. Se creen a salvo encerrados en sí mismos. Pero de balde.

EL CAMINO DE LA MEMORIA.

Entonces pues pensamos, recordamos en cómo era antes. Lo hablamos a nuestros anteriores. Les preguntamos si antes era así. Les preguntamos que nos digan si siempre hubo la oscuridad, la muerte, la destrucción. De dónde vino pues esa idea del

necessary for wars and crimes. Now we actually saw two things: one is where the storm is headed if we don't do anything. The other is what other organized rebellions are building in those geographies. In other words, those people look at the same thing that we look at. That is, the storm.

Thanks to these brother peoples we were able to broaden our vision, make it wider. That is, not only look further, but also look at more things. More world, that is.

So we, as indigenous peoples, ask ourselves what will we do, if it is already over, if it is every man for himself. But we see those brothers who act like they don't care what happens to others, that they only look out for themselves, and then it reaches them anyway. They believe they are safe locked inside themselves. But that does not work at all.

THE ROAD OF MEMORY.

So we think, we remember how it was before. We talked about it to our elders. We asked them if it was like this before. We ask them to tell us if there has always been darkness, death, destruction. Where did that idea of the world come from? How come

430 | El Común y la No Propiedad

mundo. Cómo es que se chingó todo. Pensamos que
si sabemos cuándo y cómo se perdió la luz, el buen
pensamiento, el saber cabal qué es lo bueno y qué es
lo malo, pues entonces tal vez podemos encontrar
eso y con eso luchar porque se vuelva todo cabal,
como debe de ser, respetando la vida.

Y entonces vimos cómo es que llegó eso y
lo vimos que vino con la propiedad privada. Y que
no se trata de cambiarle el nombre y decir que hay
propiedad ejidal o pequeña propiedad o propiedad
federal. Porque en todos los casos es el mal gobierno
el que da los papeles. O sea que es el mal gobierno
el que dice si algo existe y, con su maña, que deja
de existir. Como hizo con la reforma de Salinas
de Gortari y con los golpes contra la propiedad
comunal, que sólo existía si estaba registrada y
que, con las mismas leyes, la hacen menos hasta
desaparecerla. Y la propiedad comunal digamos
que registrada, pues también provoca divisiones y
enfrentamientos. Porque esas tierras pertenecen
legalmente a unos, pero contra otros. Los papeles de
propiedad no dicen "esto es tuyo", lo que dicen es "esto
no es de aquel, atácalo".

Y ahí tiene a los campesinos dando vuelta
y vuelta para que les den un papel que dice que es

everything got fucked up. We think that if we know when and how the light, the good thought, the complete knowledge of what is good and what is bad was lost, then maybe we can find that and with that fight for everything to become complete, as it should be, respecting life.

And then we saw how that came to be and we saw that it came with private property. And it is not about changing the name and saying that there is ejidal property or small property or federal property. Because in all cases it is the bad government that gives the papers. In other words, it is the bad government that says if something exists and, with its trick, whether it ceases to exist. As it did with the reform of Salinas de Gortari and with the blows against communal property, which only existed if it was registered and that, with the same laws, they diminish it until it disappears. And communal property, let's say registered, also causes divisions and confrontations. Because those lands legally belong to some, but against others. Property papers do not say "this is yours", what they say is "this is not that person's, attack him".

And there you have the peasants going round and round to be given a piece of paper that says that

suyo lo que es suyo porque de por sí lo trabaja. Y campesinos haciendo la guerra contra campesinos ni siquiera por un pedazo de tierra, no, es por un papel que dice quién es el propietario de esa tierra. Y al que tenga más papel, pues más apoyo de paga, o sea más engaño. Porque resulta que si tienes papel te dan programa social, pero te pide que apoyes, por ejemplo, a un candidato porque ése sí te va a dar el papel y te va a dar dinero. Pero resulta que ese mismo gobierno te engaña, porque con ese papel lo vende a una empresa. Y luego resulta que llega la empresa y te dice que te tienes que ir porque esa tierra no es tuya porque el papel ahora lo tiene el pinche empresario. Y te vas a la buena o a la mala. Y ahí tienen ejércitos, policías y paramilitares para convencerte de que te vayas.

Basta que la empresa diga que quiere tales terrenos, para que el gobierno decrete la expropiación de esas tierras y ya le dice a la empresa que haga su negocio "por un tiempo". Eso hacen con los megaproyectos.

Y todo por un pinche papel. Aunque el papel sea de los tiempos de la Nueva España, el papel no vale para el poderoso. Es un engaño. Es para que te confíes y estés tranquilo hasta que

what is theirs is theirs because they already work for it. And peasants waging war against peasants not even over a piece of land, no, it's over a piece of paper that says who owns that land. And whoever has more papers, well, has more paid support, that is, more deception. Because it turns out that if you have a paper they give you a social program, but they ask you to support, for example, a candidate because that candidate is going to give you the paper and give you money. But it turns out that that same government is deceiving you, because it sells that paper to a company. And then it turns out that the company comes and tells you that you have to leave because that land is not yours because the fucking businessman now has the paper. And you leave either willingly or forcefully. And there they have armies, police and paramilitaries to convince you to leave.

It is enough for the company to say that it wants such land, for the government to decree the expropriation of those lands and tells the company to do its business "for a while." That's what they do with megaprojects.

And all for a fucking piece of paper. Although the paper is as old as New Spain, the paper is worthless to the powerful. It's a hoax. It is so that you can trust and be calm until the system discovers that,

el sistema descubre que, debajo de tu pobreza, hay petróleo, oro, uranio, plata. O que hay un manantial de agua pura, y ahora resulta que el agua es ya una mercancía que se compra y que se vende.

Una mercancía como lo fueron tus padres, tus abuelos, tus bisabuelos. Una mercancía como eres tú, y lo serán tus hijos, tus nietos, tus bisnietos y así por generaciones.

Entonces ese papel, es como las etiquetas de las mercancías en los mercados, es el precio de la tierra, de tu trabajo, de tus descendientes. Y no te das cuenta, pero ya estás formado en la fila del cajero y vas a llegar. Y resulta que no sólo vas a tener que pagar, también vas a salir de la tienda y te vas a encontrar con que te quitaron la mercancía, que ni siquiera tienes el papel por el que tanto luchaste tú y tus antepasados. Y que a tus hijos tal vez le heredas un papel, y tal vez ni eso. Los papeles del gobierno son el precio de tu vida, que tienes que pagar ese precio con tu vida. O sea que eres una mercancía legal. Ésa es la única diferencia con la esclavitud.

Entonces los más viejos te cuentan que el problema, la división, las discusiones y las peleas, llegaron cuando llegaron los papeles de propiedad. No es que antes no había problemas, es que se

beneath your poverty, there is oil, gold, uranium, silver. Or that there is a spring of pure water, and now it turns out that water is already a commodity that is bought and sold.

A commodity like were your parents, your grandparents, your great-grandparents. A commodity like you are, and your children, your grandchildren, your great-grandchildren will be, and so on for generations.

So the paper is like the labels of merchandise in the markets, it is the price of the land, of your work, of your descendants. And you don't realize it, but you're already lined up in line at the cashier and you're going to arrive. And it turns out that not only are you going to have to pay, you are also going to leave the store and find that they have taken your merchandise, that you don't even have the paper that you and your ancestors fought so hard for. And that maybe you will inherit a paper for your children, and maybe not even that. Government papers are the price of your life, you have to pay that price with your life. So you are a legal commodity. That's the only difference with slavery.

Then the older ones tell you that the problem, the division, the arguments and the fights, came when the property papers arrived. It's not that there weren't problems before, it's that they were resolved by making

resolvían haciendo acuerdo.

Y el problema es que puedes hacer muchos papeles que parten muchas veces la tierra, pero la tierra no crece como los papeles. Una hectárea sigue siendo una hectárea, aunque haya muchos papeles.

Entonces pasa lo que ahora con esa cosa que llaman Cuarta Transformación y su programa de Sembrando Vida: en los ejidos hay los derecheros -que son los ejidatarios que tienen el mentado papel de certificado agrario-, y los solicitantes que, aunque participen en la comunidad, no tienen papel, porque la tierra ya está repartida. Se supone que los solicitantes son eso, solicitan un pedazo de tierra, pero en realidad están solicitando un papel que diga que son campesinos que trabajan la tierra. Entonces no es que el gobierno llega y les dice que tal tierra les toca. No. Les dice que, si demuestran la propiedad de 2 hectáreas, les dan el apoyo económico. Pero esas dos hectáreas ¿de dónde salen? Pues de los derecheros.

O sea la tierra que el papel dice que es propiedad de uno, se tiene que partir en pedazos para los solicitantes. Se tiene que pedacear para pueda haber varios papeles de un mismo papel. No hay reparto agrario, hay pedacear la propiedad. Y

an agreement.

And the problem is that you can make many papers that split the earth many times, but the earth does not grow like the papers. A hectare is still a hectare, even if there are many papers.

Then what happens now with that thing they call "Fourth Transformation" and its "Sowing Life" program: in the ejidos there are the "right-holders"— who are the ejidatarios who have the aforementioned paper of agrarian certificate—and the "applicant" who, although they participate in the community, they have no paper, because the land is already distributed. Supposedly, the applicants are requesting a piece of land, but in reality, they are requesting a piece of paper that says they are peasants who work the land. So, it is not that the government comes and tells them that such land is theirs. No. It tells them that, if they prove ownership of 2 hectares, they will be given financial support. But where do those 2 hectares come from? Well, from the "right-holders".

In other words, the land that the paper says is one's property has to be broken into pieces for the applicants. It has to be broken up so that there can be several papers of the same paper. There is no agrarian distribution, there is fragmentation of property. And

¿qué pasa si el derechero no quiere o no puede?
Sus hijos quieren el apoyo económico, pero
necesitan el papel. Entonces se pelean con el padre.
¿Las hijas? Ni en cuenta, las mujeres no cuentan en
la pedaceada de papeles. Y pelean a muerte hijos
contra padres. Y ganan los hijos y con ese papel,
porque la tierra sigue siendo la misma y sigue
estando donde estaba, reciben su dinero. Con esa
paga se endeudan, se compran algo, o juntan para
pagar al coyote para ir a Estados Unidos. Como
no les alcanza, pues venden el papel a otro. Se van
a trabajar fuera y resulta que están ganando para
pagarle a quienes les prestaron. Sí, mandan las
remesas a sus familiares, pero sus familias usan eso
para pagar la deuda. Después de un tiempo, ese
hijo regresa o lo regresan. Eso si no lo matan o lo
secuestran. Pero ya no tiene tierra, porque vendió
el papel y ahora esa tierra es de quien tiene el papel.
Entonces asesinó a su padre por un papel que ya
no tiene. Y entonces tiene que buscar la paga para
volver a comprar el papel.

Crece la población, pero la tierra no crece.
Hay más papeles, pero sólo es la misma extensión
de terreno. ¿Qué va a pasar? Que ahorita se
matan entre derecheros y solicitantes, pero luego

what happens if the "right-holder" doesn't want to or can't? His children want the financial support, but they need the paper. Then they fight with the father. The daughters? Not even taking into account, women do not count in the pieces of paper. And children fight to the death against parents. And the children win and with that paper, because the land remains the same and continues to be where it was, they receive their money. With that payment they go into debt, buy something, or get together to pay the coyote to go to the United States. Since they can't afford it, they sell the paper to someone else. They go to work abroad and it turns out that they are earning to pay back those who lent them. Yes, they send remittances to their relatives, but their families use that to pay the debt. After a while, that child returns or is returned. That is if they don't kill him or kidnap him. But he no longer has land, because he sold the paper and now that land belongs to the person who has the paper. So he murdered his father for a paper he no longer has. And then he has to find the payment to buy the paper again.

The population grows, but the land does not grow. There are more papers, but it is only the same area of land. What is going to happen? That right now they are killing each other between right-holders and

se van a matar entre solicitantes. Sus hijos se van a pelear entre ellos, así como él peleó con sus padres.

Por ejemplo: eres derechero con 20 hectáreas y tienes digamos que 4 hijos. Es la primera generación. Lo repartes la tierra o más bien el papel y hay ahora un papel de 5 hectáreas para cada uno. Luego esos 4 hijos tienen otros cuatro hijos cada uno, segunda generación, y reparten sus 5 hectáreas y les tocan a poco más de una hectárea a cada uno. Luego esos 4 nietos tienen otros 4 hijos cada uno, tercera generación, y se reparten el papel y les toca como un cuarto de hectárea a cada uno. Luego esos bisnietos tienen 4 hijos cada uno, cuarta generación, y se reparten el papel y les toca una décima parte de hectárea cada uno. Y ya no le sigo porque apenas en 40 años, en la segunda generación, se van a matar entre sí. Eso es lo que están haciendo los malos gobiernos: están sembrando muerte.

EL VIEJO NUEVO CAMINO.

¿Cómo ha sido en nuestra historia de lucha eso que dicen de "base material"?

Pues primero fue la alimentación. Con la

applicants, but later they are going to kill each other between applicants. His children are going to fight among themselves, just as he fought against his parents.

For example: you are a right-holder with 20 hectares and you have, let's say, 4 children. It is the first generation. You distribute the land or rather the paper and there is now a 5-hectare paper for each one. Then those 4 children have four other children each, second generation, and they distribute their 5 hectares and they get a little more than one hectare each. Then those 4 grandchildren have another 4 children each, third generation, and they divide the paper and each one gets about a quarter of a hectare. Then those great-grandchildren have 4 children each, fourth generation, and they divide the paper and they get a tenth of a hectare each. And I no longer continue, because just in 40 years, in the second generation, they are going to kill each other. That's what bad governments are doing: they are sowing death.

THE OLD NEW ROAD.

What has what they say about "material base" been like in our history of struggle?

Well, first was the food. With the recovery

recuperación de las tierras que estaban en manos de los finqueros, se mejoró la alimentación. El hambre dejó de ser la invitada en nuestras casas. Luego, con la autonomía y el apoyo de personas que son "buena gente", les decimos, siguió la salud. Aquí fue y es muy importante el apoyo de los doctores fraternales, que así les llamamos nosotros porque son como nuestros hermanos que nos ayudan no sólo en las enfermedades graves. También, y, sobre todo, en la preparación o sea en los conocimientos de la salud. Luego la educación. Luego el trabajo en la tierra. Luego lo que es gobierno y administración de mismos pueblos zapatistas. Luego lo que es gobierno y convivencia pacífica con los que no son zapatistas.

La base material de esto, es decir, la forma de producción es una convivencia del trabajo individual-familiar con el trabajo colectivo. El trabajo colectivo hizo posible el despegue de las compañeras y su participación en la autonomía.

Digamos que los primeros 10 años de autonomía, es decir, del alzamiento al nacimiento de las Juntas de Buen Gobiernos, en 2003, fue de aprendizaje. Los siguientes 10 años, hasta el 2013 fueron de aprender la importancia del relevo generacional. Del 2013 a la

of the lands that were in the hands of the large landowners, the diet improved. Hunger was no longer the guest in our homes. Then, with the autonomy and support of people who are "good people," we say, health followed. Here the support of the fraternal doctors was and is very important, which is what we call them because they are like our brothers who help us not only with serious illnesses. Also, and, above all, in preparation, that is, in health knowledge. Then education. Then the work on the land. Then what is the government and administration of the Zapatista people themselves. Then what is government and peaceful coexistence with those who are not Zapatistas.

The material basis of this, that is, the form of production is a coexistence of individual-family work with collective work. Collective work made it possible for the colleagues to take off and participate in autonomy.

Let's say that the first 10 years of autonomy, that is, from the uprising to the birth of the Juntas de Buen Gobierno, in 2003, were years of learning. The next 10 years, until 2013, were about learning the importance of generational change. From 2013 up to date it has been about verifying, criticizing and self-

444 | El Común y la No Propiedad

fecha fue de constatar, criticar y autocriticar errores de funcionamiento, de administración y de ética.

En lo que sigue ahora, tendremos una etapa de aprendizaje y reajuste. O sea que tendremos muchos errores y problemas, porque no hay manual o libro que te diga cómo hacer. Tendremos muchas caídas, sí, pero nos levantaremos una y otra vez para seguir caminando. Somos zapatistas, pues.

La base material o de producción de esta etapa va a ser una combinación del trabajo individual-familiar, el colectivo y esto nuevo que llamamos "trabajo en común" o "no propiedad".

El trabajo individual-familiar se basa en la propiedad pequeña y personal. Una persona y su familia trabajan su pedazo de tierra, su tiendita, su móvil, su ganado. La ganancia o el beneficio es para esa familia.

El trabajo colectivo se basa en el acuerdo entre compañeras y/o compañeras para hacer un trabajo en tierra de colectivo (asignada así desde antes de la guerra y ensanchada después de la guerra). Se reparten los trabajos de acuerdo con el tiempo, capacidad y disposición. La ganancia o beneficio es para el colectivo. Se suele usar para fiestas, movilizaciones, adquisición de equipos para salud, capacitación de promotores de salud

criticizing errors in operation, administration and ethics.

In what follows now, we will have a stage of learning and readjustment. In other words, we will have many errors and problems, because there is no manual or book that tells you how to do it. We will have many falls, yes, but we will get up again and again to continue walking. That is, we are Zapatistas.

The material base or production base of this stage will be a combination of individual-family work, collective work and this new thing that we call "common work" or "non-ownership."

Individual-family work is based on small and personal property. A person and his/her family work their piece of land, their little store, their mobile phone, their livestock. The profit or benefit is for that family.

Collective work is based on the agreement between colleagues to do work on collective land (assigned before the war and expanded after the war). Work is distributed according to time, capacity and disposition. The gain or benefit is for the collective. It is usually used for parties, mobilizations, acquisition of health equipment, training of health and education promoters, and for

y educación, y para los movimientos y manutención de autoridades y comisiones autónomas.

El trabajo común empieza, ahora, en la tenencia de la tierra. Una porción de las tierras recuperadas se declara como de "trabajo común". Es decir, no está parcelada y no es propiedad de nadie, ni pequeña, ni mediana, ni gran propiedad. Esa tierra no es de nadie, no tiene dueño. Y, de acuerdo con las comunidades cercanas, se "presta" mutuamente esa tierra para trabajarla. No se puede vender ni comprar. No se puede usar para producción, trasiego o consumo de narcóticos. El trabajo se hace por "turnos" acordados con los GALs y los hermanos no zapatistas. El beneficio o ganancia es para quienes trabajan, pero la propiedad no es, es una no propiedad que se usa en común. No importa si eres zapatista, partidista, católico, evangélico, presbiteriano, ateo, judío, musulmán, negro, blanco, oscuro, amarillo, rojo, mujer, hombre, otroa. Puedes trabajar la tierra en común, con el acuerdo de los GALs, CGAL y ACGal, por pueblo, región o zona, que son quienes controlan que se cumpla con las reglas de uso común. Todo lo que sirva al bien común, nada que vaya contra el bien común.

the movements and maintenance of authorities and autonomous commissions.

The common work begins, now, in tenure of land. A portion of the recovered lands are declared as "common work." That is, it is not parceled out and is not owned by anyone, neither small, nor medium, nor large property. That land belongs to no one, it has no owner. And, in agreement with nearby communities, they "lend" each other that land to work on. It cannot be sold or bought. It cannot be used for the production, transfer or consumption of narcotics. The work is done in "shifts" agreed upon with the GALs and the non-Zapatista brothers. The benefit or gain is for those who work, but the property is not, it is a non-property that is used in common. It doesn't matter if you are Zapatista, 'partidista', Catholic, evangelical, Presbyterian, atheist, Jewish, Muslim, black, white, dark, yellow, red, woman, man, otroa. You can work the land in common, with the agreement of the GALs, CGAL and ACGal, by town, region or zone, who are the ones who control compliance with the rules of common use. Everything that serves the common good, nothing that goes against the common good.

UNA COMPARTICIÓN MUNDIAL: LA GIRA POR LA VIDA.

Unas hectáreas de esa No-Propiedad se va a proponer a los pueblos hermanos de otras geografías del mundo. Los vamos a invitar para que vengan y trabajen esas tierras, con sus propias manos y conocimientos. ¿Qué pasa si no saben trabajar la tierra? Pues las compañeras y compañeros zapatistas les enseñan cómo, y sus tiempos de la tierra, y sus cuidados. Creemos que es importante saber trabajar la tierra, es decir, saber respetarla. No creo que le haga daño a nadie que, así como estudia y aprenden en laboratorios y centros de investigación, también estudie y aprenda el trabajo del campo. Y todavía más mejor si esos pueblos hermanos tienen conocimientos y modo de trabajar la tierra y nos traen esos conocimientos y modos y así también aprendemos nosotros. Es como una compartición, pero no sólo palabras, sino que en la práctica.

No necesitamos que nos vengan a explicar la explotación, porque nosotros la vivimos desde hace siglos. Tampoco que nos vengan a decir que hay que morirse para conseguir la libertad. Eso lo sabemos y lo practicamos todos los días desde hace cientos de años. Lo que sí es bienvenido es el conocimiento y la práctica para la vida.

A WORLDWIDE SHARING:
THE TOUR FOR LIFE.

A few hectares of this Non-Property will be proposed to sister nations in other geographies of the world. We are going to invite them to come and work those lands, with their own hands and knowledge. What happens if they don't know how to work the land? Well, the Zapatista comrades will teach them how, and the times of the land, and its care. We believe that it is important to know how to work the land, that is, to know how to respect it. I don't think it hurts anyone that, just as they study and learn in laboratories and research centers, they also study and learn field work. And it is even better if these brother peoples have knowledge and a way of working the land and they bring us that knowledge and ways, and that is how we also learn. It's like a sharing, but not just words, but in practice.

We do not need people to explain exploitation to us, because we have experienced it for centuries. Nor for them to come and tell us that we have to die to achieve freedom. We know that and have practiced it every day for hundreds of years. What is welcome is knowledge and practice for life.

Mira, la delegación que fue a Europa aprendió muchas cosas, pero la más importante que la aprendimos es que hay muchas personas, grupos, colectivos, organizaciones que están buscando la forma de luchar por la vida. Tienen otro color, otra lengua, otra costumbre, otra cultura, otro modo. Pero tienen lo mismo que nosotros, que es el corazón de lucha.

No están buscando quién es más mejor, o que les den un lugar en los malos gobiernos. Están buscando curar el mundo. Y sí, son muy diferentes entre ellos. Pero son iguales, o más bien somos iguales. Porque queremos realmente construir otra cosa, y esa cosa es la libertad. O sea, la vida.

Y nosotras las comunidades zapatistas decimos que son nuestra familia todas esas personas. No importa que estén muy lejos. Y en esa familia hay hermanas mayores, hermanos mayores, hermanitas y hermanitos. Y no hay quién mejor. Sino misma familia. Y como familia nos apoyamos cuando podemos, y nos enseñamos lo que sabemos.

Y todas, todos, todoas, es gente de abajo. ¿Por qué? Porque los de arriba predican la muerte porque eso le da ganancias. Los de arriba quieren que cambien las cosas, pero para su beneficio de ellos,

Look, the delegation that went to Europe learned many things, but the most important thing we learned is that there are many people, groups, collectives, organizations that are looking for a way to fight for life. They have another color, another language, another custom, another culture, another way. But they have the same thing as us, which is the heart of struggle.

They are not looking for who is better, or to be given a place in bad governments. They are seeking to heal the world. And yes, they are very different from each other. But they are equal, or rather we are equal. Because we really want to build something else, and that thing is freedom. That is, life.

And we, the Zapatista communities, say that all of these people are our family. It doesn't matter that they are very far away. And in that family there are older sisters, older brothers, little sisters and little brothers. And there is no one better. But same family. And as a family we support each other when we can, and we teach each other what we know.

And all, women, men and otroas are people from below. Why? Because those at the top preach death because that gives them profits. Those at the top want things to change, but for their benefit,

aunque cada vez está más peor. Por eso son los de abajo los que van a luchar y están ya luchando por la vida. Si el sistema es de muerte, entonces la lucha por la vida es la lucha contra el sistema.

¿Qué sigue después? Bueno, cada quien va construyendo su idea, su pensamiento, su plan de qué es mejor. Y cada quien tal vez tiene un pensamiento diferente y un modo distinto. Y eso hay que respetar. Porque es en la práctica organizada donde cada quien ve qué sí resulta y qué no. O sea que no hay recetas o manuales, porque lo que sirve para uno, tal vez no sirve para otro. El "común" mundial es la compartición de historias, de conocimientos, de luchas.

O sea que, como quien dice, sigue el viaje por la vida. Por la lucha, pues.

Desde las montañas del Sureste Mexicano.

Subcomandante Insurgente Moisés.

México, diciembre del 2023. 500, 40, 30, 20, 10, 3, un año, unos meses, unas semanas, unos días, apenas hace un rato. después.

P.D.- Al terminar la entrevista y revisar él si

although it is getting worse and worse. That is why it is those below who are going to fight and are already fighting for life. If the system is one of death, then the fight for life is the fight against the system.

What comes next? Well, everyone builds their idea, their thinking, their plan of what is best. And each person perhaps has a different thought and a different way. And that must be respected. Because it is in organized practice where everyone sees what works and what doesn't. In other words, there are no recipes or manuals, because what works for one may not work for another. The global "common" is the sharing of stories, of knowledge, of struggles.

In other words, as they say, the journey for life continues. That is, for the struggle.

From the mountains of the Mexican Southeast.

Subcomandante Insurgent Moisés.

Mexico, December 2023. 500, 40, 30, 20, 10, 3, a year, a few months, a few weeks, a few days, just a while ago. After.

P.S.- At the end of the interview and after he had

estaba cabal el sentido de sus explicaciones, el
Subcomandante Insurgente Moisés -quien recibió
el mando y la vocería zapatista hace 10 años,
en el 2013-, encendió el enésimo cigarrillo. Yo
encendí la pipa. Quedamos mirando el dintel de la
puerta de la champa. La madrugada daba paso al
amanecer y las primeras luces del día despertaban
los sonidos en las montañas del sureste mexicano.
No dijimos más, pero tal vez ambos pensamos: "y
falta lo que falta".

P.D. QUE DECLARA BAJO JURAMENTO.
– En ningún momento o etapa de la deliberación
que condujo a la decisión que tomaron los pueblos
zapatistas, salieron a relucir citas o notas de pie de
página o referencias, así sea lejanas, de Marx, Engels,
Lenin, Trotski, Stalin, Mao, Bakunin, el Che,
Fidel Castro, Kropotkin, Flores Magón, la Biblia,
el Corán, Milton Freidman, Milei, el progresismo
(si es que tiene alguna referencia bibliográfica
que no sea la de sus caga tintas), la Teología de la
Liberación, Lombardo, Revueltas, Freud, Lacan,
Foucault, Deleuze, lo que esté de moda o modo
en la izquierdas, o cualquier fuente de izquierdas,
derechas, ni de los inexistentes centros. No sólo,

checked whether the meaning of his explanations
was complete and correct, Subcommander Insurgent
Moisés—who received command and the Zapatista
spokesperson 10 years ago, in 2013—lit the
umpteenth cigarette. I lit the pipe. We stood looking
at the lintel of the 'champa' door. Early morning gave
way to dawn and the first lights of day woke up the
sounds in the mountains of southeastern Mexico.
We didn't say more, but maybe we both thought: "and
what's missing is missing."

P.S. DECLARED UNDER OATH. – At no
moment or stage of the deliberation that led to the
decision made by the Zapatista peoples, did quotes
or footnotes or references, even distant ones, come
to light from Marx, Engels, Lenin, Trotsky, Stalin,
Mao, Bakunin, Che, Fidel Castro, Kropotkin, Flores
Magón, the Bible, the Koran, Milton Freidman,
Milei, progressivism (if it has any bibliographical
reference other than its "cagatintas"), Liberation
Theology, Lombardo, Revueltas, Freud, Lacan,
Foucault, Deleuze, whatever is fashionable or
fashionable on the left, or any source from the left,
right, or from the non-existent centers. Not only,
I also know that they have not read any of the

también me consta que no han leído ninguna de
las obras fundacionales de los ismos que alimentan
sueños y derrotas de la izquierda. Por mi parte, les
doy un consejo no pedido a quienes leyeron estas
líneas: cada quien es libre de hacer el ridículo, pero les
recomendaría que antes de empezar con sus tonterías
tipo "el laboratorio de la Lacandona", "el experimento
zapatista", y de catalogar esto en uno u otro sentido, lo
pensaran un poco. Porque, hablando de ridículos, ya
vienen haciendo uno grande desde hace casi 30 años al
"explicar" el zapatismo. Tal vez ustedes no se acuerden
ahora, pero acá lo que sobra, además de dignidad y
lodo, es memoria. Ni modos.

Doy fe
El Capitan

founding works of the isms that fuel the dreams and defeats of the left. For my part, I give unsolicited advice to those who read these lines: everyone is free to make a fool of themselves, but I would recommend that before starting with their nonsense like "the Lacandona laboratory", "the Zapatista experiment", and to categorize this in one sense or another, they think about it a little. Because, speaking of ridiculous, they have already been making a big deal for almost 30 years by "explaining" Zapatismo. Maybe you don't remember now, but what's left over here, in addition to dignity and mud, is memory. Sorry.

I attest
The Capitain

PALIACATE PRESS
PLANETA TIERRA

www.ingramcontent.com/pod-product-compliance
Lightning Source LLC
Chambersburg PA
CBHW031136020426
42333CB00013B/407